Catherine Marshall

Bete und staune

Erfahrungen mit dem Gebet

R. Brockhaus Verlag Wuppertal

ABCteam

Bücher, die dieses Zeichen tragen, wollen die Botschaft
von Jesus Christus in unserer Zeit glaubhaft bezeugen.

Das ABCteam-Programm umfaßt in seiner Hauptreihe:

A = aktuelle Themen

B = Berichte, Erzählungen, Lebensbilder

C = Christsein heute

Als Sonderreihen erscheinen Jugendbücher (J), Werkbücher (W),
Glauben und Denken (G + D).

Außerdem gibt es Geschenkbücher in besonderer Ausstattung.

ABCteam-Bücher erscheinen in folgenden Verlagen:

Aussaat Verlag Wuppertal / R. Brockhaus Verlag Wuppertal
Brunnen Verlag Gießen / Bundes-Verlag Witten
Christliches Verlagshaus Stuttgart / Oncken Verlag Wuppertal
Schriftenmissions-Verlag Gladbeck
ABCteam-Bücher kann jede Buchhandlung besorgen.

Amerikanischer Originaltitel: Adventure in Prayers
erschienen bei Chosen Books Old Tappan, N. J. 1975
© 1975 Catherine Marshall

Deutsch von Elisabeth Wetter

1. Auflage Juni 1976
2. Auflage Oktober 1976
3. Auflage April 1977

Umschlaggestaltung: Ralf Rudolph, Ratingen
Druck: Herm. Weck Sohn, Solingen

ISBN 3-417-00588-4

Inhalt

Der Meisterschlüssel
Ein Wort zuvor

Die Aufnahmeprüfung für die Schule des Gebets besteht aus nur zwei Fragen. Die erste lautet: Bist du wirklich in Not? Und die zweite: Gibst du zu, daß du mit deiner Not allein nicht fertig wirst?

Alles, was ich über das Beten gelernt habe, kommt aus Zeiten, in denen ich beide Fragen mit einem vollen Ja beantworten konnte. Wenn ich zurückblicke, dann stehen diese Zeiten wie hochragende Berge vor mir und nicht etwa, was man ja eigentlich annehmen könnte, als Abgründe der Verzweiflung. Gipfel, weil ich jedes Mal etwas Wichtiges über Gott lernte — wie wirklich er ist und wie wunderbar er auf Gebet antwortet.

In meiner Kindheit wurde mir dieser Unterricht immer dann zuteil, wenn ich es mit meiner Angst vor der Dunkelheit zu tun bekam. Als Teenager ging es um das Schulgeld; was ich damals lernte, schreibe ich in dem Kapitel über »Das Gebet, das Träume verwirklichen hilft«.

Als ich siebenundzwanzig war, bestand meine Not in einer schweren Krankheit. Damals ging es um »Das Gebet des Loslassens«.

In meinen dreißiger Jahren wuchs meine Not zu einem gigantischen Gebirge an: Mein Mann, Peter Marshall, war plötzlich gestorben. Dazu kamen die nicht ganz so hohen Berge: einen Sohn ohne seinen Vater erziehen; einen Beruf für mich finden, der diese Aufgabe einschloß; ich hatte jedoch keine abgeschlossene Ausbildung. Während dieser Zeit lernte ich Gott meinen Anspruch auf Hilfe vorzulegen.

Jahre später, nach meiner Heirat mit Leonard LeSourd, der aus seiner ersten Ehe drei kleine Kinder mitbrachte, ging ich weiter in die Schule des Gebets. Es war wieder kein Problem, die Testfragen richtig zu beantworten: Meine Not war groß, meine Unfähigkeit offensichtlich. Das Ergebnis war »Das Gebet der Hilflosigkeit«.

Natürlich waren es nicht nur diese großen persönlichen Probleme, die mich auf die Knie gezwungen haben. Da mag es die Not eines Freundes gewesen sein oder die irgendeines Menschen, über den ich in unserer kriegswirren und hungrigen Welt gelesen hatte. Aber immer hielt das Kriterium stand: große Nöte auf der einen Seite, und bei mir unzureichende Möglichkeiten, mit ihnen fertig zu werden.

Nachdem ich meine Entdeckungen über das Gebet von Zeit zu Zeit an das Guideposts-Magazin geschickt hatte und anhand von Leserreaktionen feststellte, daß hier ein großer und wachsender Bedarf war, faßten wir zuerst einmal sechs solcher Artikel zusammen und brachten sie in der für die Zeitschrift stark gekürzten Fassung als kleines Buch heraus. Dann bat man mich um die vollständigen Artikel, und so kommt es, daß wir hier die Originaltexte der Artikel zum ersten Mal veröffentlichen. Sie wurden durch die beiden inzwischen entstandenen Kapitel »Gebet ist Bitten« und »Das wartende Gebet« ergänzt.

Dann habe ich zu jedem Kapitel ein Gebet geschrieben. Wir alle haben Tage, an denen uns das Beten leichtfällt und die Worte spontan über die Lippen kommen. Zu anderen Zeiten liegt uns die Last zu schwer auf dem Herzen, wir brauchen Hilfe, um sie in Worte zu kleiden, und für solche Zeiten schrieb ich die Gebete — nicht als Ersatz für unsere individuellen Bitten, nur als eine Art Seil, an dem wir uns entlangtasten können.

Natürlich kann kein menschliches Leben und kein Buch, und schon gar nicht eines von diesem Umfang, mehr tun als die äußerste Zone eines Bereiches berühren, der so weit und umfassend ist wie das Gebet. Dazu habe ich — auch das muß gesagt sein — selbst das Wenige, das ich von der Anbetung weiß, vom Dankgebet, vom Lob, von der Vertiefung oder auch nur von der stillen Gemeinschaft des menschlichen Herzens mit dem, der unsere Seele liebt, unberücksichtigt gelassen. Nicht etwa, weil ich diese Dimensionen des Gebets für unwichtig hielte — ganz im Gegenteil —, sondern weil im Verlauf der Jahrhunderte darüber viel qualifiziertere Autoren als ich Hilfen hinterlassen haben.

In meinen eigenen Notzeiten fehlten mir Hilfen für das bescheidenste und grundlegende aller Gebete: das Gebet als Bitte. Das Gebet eines Kindes, das zu seinem Vater geht und um Hilfe bittet. Das ist es, was wir in einer Zeit der Schocks wieder entdecken müssen: zum Vater gehen — aber wie macht man das?

Heute strömen die Leute dorthin, wo man Hilfen zum Gebet anbietet. Kein Wunder — unsere Nöte haben eine neue Dringlichkeit angenommen: weltweite Wirtschaftskrisen, Eheprobleme, Generationenprobleme, die Drogenszene, Alkoholismus, Krebs im Ausmaß früherer Epidemien — kein Wunder, daß wir beten lernen wollen. Unser Verlangen ist tief und unser Lerneifer enorm.

Was für eine gute Nachricht ist es da, daß gerade unsere Ohnmacht der Meisterschlüssel ist, der die Tür zu Seiner Allmacht öffnet. Immer und immer wieder treiben uns Durst und Hunger dahin, zu »schmecken und zu sehen, daß der Herr gut ist«. Wer außer Jesus hätte sich je so etwas ausdenken können!

Catherine Marshall
März 1975

1. KAPITEL

Beten ist Bitten

Kürzlich erzählte mir eine Freundin folgendes Erlebnis: Während der Semesterferien hatte ihre Tochter Elisabeth einen Job in einem Supermarkt angenommen. Sie stand am Packtisch hinter der Frischfleischtheke und verdiente sich damit das Studiengeld. Kurz bevor sie eines Morgens das Haus verließ, vermißte sie eine ihrer Kontaktlinsen, und obwohl die Mutter mit ihr danach suchte, war die Linse nirgends zu finden.

Elisabeth setzte ihre alte Brille auf, und während sie zur Arbeit ging, saß ihre Mutter bei einer Tasse Kaffee und dachte über diese Sache nach. Es gab tausendundein Plätze, wo dieses winzige Stück Plastik in der Größe eines Tränentropfens liegen konnte. Dann fragte sie sich: Sollte sie darum beten? War das nicht zu trivial? Sie — es war Elisabeth Sherrill — hatte immer einen Horror vor Gebeten, die den Herrn des Universums zum Hoteldiener oder einer Art Sankt Nikolaus herabwürdigten.

Aber sie dachte auch daran, daß neue Linsen Elisabeth einen Wochenlohn kosteten — Geld für das Studium. Das bedeutete eine Woche Arbeit in einem künstlich belüfteten Raum und brennende Finger vom heißen Verpackungsdraht.

Ihre Gedanken wanderten weiter zu dem Gleichnis Jesu von der Frau, die den verlorenen Silbergroschen suchte — auch ein wertvolles Stück[1]. Sie mußte lächeln. Diese Geschichte zeigte, daß sich Jesus auch um so etwas kümmerte. Nicht weil solche Dinge objektiv einen besonderen Wert hätten, sondern weil sie für uns wichtig sind.

»Ja, Herr«, betete sie nun. »Wir brauchen in dieser Sache Hilfe. Würdest du mich bitte die verlorene Linse finden lassen?«

Ohne zu wissen, warum, stand sie auf und ging in das Badezimmer. Dort hockte sie sich nieder und tastete mit ihren Händen den dicken Badeteppich ab.

Nein, nichts.

Sie stand auf und sah in das Waschbecken. »Sie kann ihr hier herausgefallen und in den Abfluß geraten sein«, dachte sie und nahm das verchromte Abflußsieb heraus. Und hier, am Boden dieses Metallstücks, haftete die verlorene Linse, glänzend wie ein Wassertropfen. Der Nächste, der Wasser in das Becken fließen ließ, hätte sie weggespült.

»Es war kaum eine Minute, nachdem ich in der Küche darum gebetet hatte«, sagte sie zu mir. »Von allen möglichen Plätzen hätte ich niemals daran gedacht, daß es mir eingefallen wäre, dieses Sieb herauszunehmen und hier nachzusehen.«

Diese Mutter hatte eine Gebetserhörung auf der Ebene erlebt, die der Anfang aller Gebete ist: der Bitte. Wir sind in Not oder Sorge, es kann eine große oder eine kleine Krise sein: Indem wir nun Jesus bei seinem Wort nehmen, daß Gott wirklich unser Vater ist, kommen wir zu ihm als sein Kind und sagen ihm unsere Not auf dem einfachsten, direktesten Weg: Wir bitten ihn um Hilfe. Und wenn jemand das Herrliche einer solchen Gebetserhörung noch nicht erlebt hat, dann ist er nach dem Apostel Jakobus selber daran schuld; denn »...ihr bekommt nicht, worum ihr betet, weil ihr Gott nicht darum bittet«[2].

Wie notwendig das Bitten ist, hatte Jakobus bei Jesus selbst gelernt. Wie oft wird er beobachtet haben, wie Jesus einen Bittenden nötigen mußte, seine Bitte in klaren Worten zu formulieren. Der Meister duldete keine allgemeinen Redensarten, keine Unklarheiten, auch damals in Jericho nicht, als zwei blinde Männer unentwegt nach Jesus riefen und beständig wiederholten: »O Herr, Sohn Davids, erbarme dich unser!«[3]

Daß die Bettler blind waren, war für Jesus so offensichtlich wie für seine Jünger. Trotzdem brachte er ihren Singsang mit der Frage zum Schweigen: »Was wollt ihr, was soll ich für euch tun?«

Die Direktheit dieser Frage schreckte die Bettler aus ihrem Selbstmitleid auf.

»Herr«, sagten sie in einer neuen Offenheit, »wir bitten, daß du unsere Augen auftust.«

Jesus antwortete sofort. Jakobus und die Zwölf erinnerten sich später daran, wieviel Liebe und Erbarmen bei solchen Gelegenheiten in den Augen ihres Meisters lag. Wie genau er in seiner Sorge um die Menschen war. Er berührte nacheinander die Augen jedes Bettlers, und unmittelbar darauf konnten sie sehen.

Nachdem die Jünger eine Reihe solcher Fälle miterlebt hatten, erkannten sie dies, je länger, je mehr, als charakteristisch für den Umgang Jesu mit den Menschen. »Sag mir genau, was du willst«, sagte er immer. »Sag es mir. Bitte mich!«

Auf diesen Punkt — wie wichtig es ist, daß wir unserem himmlischen Vater unsere Nöte sagen — kam er immer wieder zurück:

»... wieviel mehr wird euer Vater im Himmel gute Gaben denen geben, *die ihn bitten.*«[4]

»*Bittet,* und es wird euch gegeben ..., denn jeder *Bittende* empfängt ...«[5]

«... *bittet* und ihr werdet empfangen, damit eure Freude vollkommen sei.«[6]

Er fährt fort und sagt, daß, wenn wir um Brot bitten, Gott uns nicht einen Stein gibt, und wenn wir um ein Ei bitten, er uns genauso wenig wie ein irdischer Vater einen Skorpion gibt.[7] Wenn wir anklopfen, wird sich die Tür vor uns öffnen. So besteht Jesus auf der kühnen Behauptung, daß die Antwort auf das Gebet der Empfang dessen ist, worum wir bitten.

Als die Jünger das hörten, platzte der offenherzige Petrus oder vielleicht auch der skeptische Thomas mit der Frage heraus, über die wir uns oft wundern: »Aber Herr, wenn der Vater im Himmel alles über uns weiß und unsere Nöte kennt, warum sollen wir ihn dann noch bitten?«

Die Antwort Jesu auf diese Frage finden wir an vielen Stellen, wo er über das Gebet spricht. Es ging ihm um die Verbindung von Gebet und Kindhaftigkeit:

»... wer nicht zu Gott kommt wie ein kleines Kind, wird nicht in das Reich Gottes hineinkommen.«[8]

Wie oft begann Jesus, wenn er seine großen und kräftigen

Jünger lehrte, mit dem liebevollen: »Kindlein, ich sage euch . . .«
Natürlich — es ist ja typisch für ein Kind, daß es einfach bittet.

Ein kleines Kind, das sich weder scheut noch zögert, seine Eltern um das zu bitten, was es braucht, offenbart unbewußt seine Hilflosigkeit und damit eine normale, gesunde Beziehung zu Vater und Mutter. Genauso bringt uns das Bitten sofort in die richtige Beziehung zu Gott. Sie entspricht der Tatsache, daß er der Schöpfer ist und über alle Reichtümer und Hilfsquellen verfügt, die wir brauchen; wir sind die Geschöpfe, die Hilfe suchen. Trotzdem: es ist gerade die Haltung des Bittenden, die wir scheuen, weil sie uns erniedrigt — da muß ein Stück von unserem Stolz und Ich gehen und um Hilfe bitten, entweder bei Gott oder bei einem anderen, menschlichen Wesen.

Ganz simple Ereignisse stellen unseren Stolz und unsere Hartnäckigkeit im Blick auf das Bitten bloß. Wir verhalten uns dann wie ein Autofahrer, der sich verirrt hat und zu stolz ist, nach dem richtigen Weg zu fragen. Oft bleiben wir kilometerweit bei der einmal eingeschlagenen Richtung, vergeuden Zeit, indem wir ein Stück diesen und dann wieder ein Stück jenen Weg weiterfahren, anstatt zu stoppen und die Hilfe zu suchen, die wir brauchen.

Aber Gott besteht darauf, daß wir bitten; nicht etwa, weil er auf diese Weise erst erfahren würde, wie es um uns steht, sondern weil wir die geistliche Übung des Bittens brauchen.

Einfacher gesagt: Die klare Formulierung unserer Bedürfnisse hilft uns, einen Schritt im Glauben voranzugehen.

Wenn wir beten, bleiben ja viele von uns nicht deshalb in vagen allgemeinen Begriffen hängen, weil wir zu groß von Gott dächten, sondern genau umgekehrt: Wir denken zu klein von ihm. Wenn wir wegen einer bestimmten Sache beten, aber nicht sicher sind, daß wir erhört werden, dann haben wir Angst, unser bißchen Glauben auch noch ganz zu verlieren, und so bewegen wir uns auf den sicheren Gleisen hoher »geistlicher« Gebete, also gerade jener Art, die Jesus als unechte Gebete ablehnte, als täuschendes Selbstgespräch.[9]

C. S. Lewis kommentiert solche Scheingebete in seinem be-

rühmten Buch »Briefe an einen Unterteufel«, wo diesem Unterteufel in bezug auf einen Menschen folgender Rat gegeben wird:
»Es ist natürlich unmöglich zu verhüten, daß er für seine Mutter
betet; aber wir haben Mittel, die Gebete unschädlich zu machen.
Überzeuge dich davon, daß sie immer sehr ›geistlich‹ sind, daß er
beständig um das Wohl ihrer Seele besorgt ist und niemals um
ihren Rheumatismus . . .«[10]

Es ist seltsam, daß wir uns scheuen, darum zu bitten, daß uns
die Schmerzen des Rheumatismus abgenommen werden oder daß
wir eine verlorene Kontaktlinse finden, aber sofort bereit sind,
für den Weltfrieden zu bitten und für die Errettung von Seelen
und um Erweckung, damit sich das Gesicht unserer Welt verändert, und uns dabei überhaupt nicht klarmachen, daß, wenn
Gottes Macht nicht ausreicht, uns in unseren alltäglichen Nöten
zu helfen, seine Macht für die großen umfassenden Bitten allemal
zu klein sein muß.

Damit wir sicher gehen, daß wir uns aus der Spannung des
Glaubens nicht zurückziehen, können wir uns damit helfen, daß
wir uns beim Beten fragen: »Erwarte ich wirklich, daß etwas
passiert?« Das wird uns davor bewahren, beim Beten nur Schau-
fenster zu besehen. Ein Schaufensterbummel kann Spaß machen — aber mehr auch nicht. Er kostet nichts. Wir sehen uns
um, haben nicht die Absicht, irgend etwas zu kaufen, und bringen nichts nach Hause, was die Stunden des Bummelns recht-
fertigen könnte. Zu viele unserer Gebete, private und öffentliche,
sind solch ein Bummel zwischen allen möglichen Bitten, ohne
jeden sachlichen Bezug. Wir erwarten nichts von unseren Gebeten, außer vielleicht einem hochgestimmten Gefühl.

Sollten wir unseren Glauben an Gott verlieren, sobald unsere
Bitte nicht in genau der Form erhört wird, in der wir es erwarten (falls wir tatsächlich etwas erwarten) — kann denn
jemand um den Status unseres Glaubens so besorgt sein wie
Gott? Es ist nicht nur sein Wille, daß wir ihm vertrauen, sondern die ganze Sehnsucht seines Vaterherzens. Nun, dann können wir ihm sicher auch die Sorge um unseren schwindenden
Glauben überlassen.

Könnten wir darüber hinaus noch die Angst haben, daß uns ein Nein nach Gottes Ansicht helfen könnte, mit unseren eigenen Unzulänglichkeiten, unserem Mangel an Bereitschaft, Gottes Bedingungen anzunehmen, fertigzuwerden? Und wenn — bitten wir nicht wirklich Gott darum, daß er uns in allem das gibt, was uns fehlt, um seinen Anforderungen zu genügen, Glauben oder Standhaftigkeit oder innere Spannkraft?

Jesus sprach oft von der himmlischen »Belohnung«. Wenn uns das zu materialistisch erscheint, dann sollten wir hier Zurückhaltung üben, weil wir sonst »geistlicher« wären als unser Herr.

Ein alter Veteran im Beten, John R. Rice, hat es schlicht als »Bitten und Empfangen« bezeichnet: »Das Gebet ist keine Sänfte für einen Ausflug ins Grüne. Gebet ist ein Güterzug, der direkt ins Warenlager einfährt, auspackt, auflädt und mit Waren beladen zurückkommt . . .«[11]

Wenn wir der Meinung sind, daß wir den Glauben für solch eine Art Beten niemals aufbringen, dann haben wir Recht. Aber jene Heiligen, die auf diesem Gebiet die größten Erfahrungen gemacht haben, sagen uns, daß Gott gerade unser Stammeln, unsere Stolperschritte im Glauben als die geöffnete Tür dafür benutzt, daß er mehr für uns tut, als wir bitten oder denken können.

Wir beschließen, bei einer kleinen augenblicklichen Not um seine Hilfe zu bitten. Unsere Bitte ist wie ein Schritt in ein winziges Vorzimmer. Zögernd gehen wir einen Schritt weiter und entdecken, daß das Vorzimmer in den Audienzsaal des Königs führt. Zu unserem Erstaunen kommt der König selbst uns entgegen; er bietet uns ein Geschenk an, das so wertvoll ist, wie es nur ein König anbieten kann: die das ganze Leben überspannende Freundschaft mit dem Herrn der Herrlichkeit.

»Du hast mich um das Geld für die anstehende Monatsmiete gebeten«, lächelt er. »Setz dich hier zu meinen Füßen, wir wollen über die Miete miteinander sprechen, aber auch über andere Dinge. Ich habe dir so viel zu sagen. Wenn du meine Freundschaft annimmst, haben du und ich Jahre frohen Austauschs vor uns. Es ist so viel, was ich dich lehren möchte. Wir werden die Ewigkeit brauchen, um alles miteinander zu besprechen.«

Unsere Situation erinnert uns an jene namenlose Frau vor langer Zeit, die der Meister am Jakobsbrunnen von Sichar um einen Schluck Wasser bat. Unter dem durchdringenden Blick des Fremden und seinen gezielten Fragen erkannte sie, daß der Durst, der sie täglich an den Brunnen führte, nur ein äußeres Problem war. Der Rabbi wußte alles von ihr, alles, was sie je getan hatte. Doch da war keine Verdammung, nur eine zarte, heilende Liebe, die sie zu der Antwort führte, die sie so lange gesucht hatte.[12]

So kann Jesus, sobald wir die persönliche Beziehung zu ihm aufgenommen haben, außer den materiellen und körperlichen Nöten auch die tieferen Bedürfnisse befriedigen, die verborgenen, bei denen es um die richtige innere Einstellung, um gesunde Gefühle, reine Motive und erneuerte Beziehungen zu Mitmenschen geht.

Bald entdecken wir, daß Bitten mehr ist, als was wir in Worten ausdrücken können. Unsere Lippen können nicht immer genau den Schrei des Herzens wiedergeben. Manchmal hat das seinen Grund darin, daß uns unsere eigenen Gefühle zu fremd sind, so daß in unsere Gebete Unrealistisches einfließt. Manchmal sind wir auch im Blick auf uns selbst unsicher. Wir wissen nicht, was wir wirklich wollen, so daß wir nicht mit ganzem Herzen bitten können. Oder vielleicht sind wir uns noch gar nicht klar über unsere Hoffnungen und Träume und können unsere Bitten deshalb nicht klar formulieren.

Dann stellen wir fest, daß wir eine neue Basis für unser Beten finden müssen. Es gibt so vieles, was ich lernen möchte, wenn ich bete: »Herr, lehre mich beten!«

Ich bitte

Herr Jesus, du, der du in einem Stall geboren wurdest und in einer Krippe lagst, der du staubige Wege gingst und durstig wurdest und dich freutest, wenn dir kühles Wasser durch die Kehle rann, und lachtest und manchmal bittere Tränen weintest — du bist es, der mich in die Wirklichkeit zurückruft. Ich sehe es jetzt — was ich für hohe Geistigkeit gehalten habe, ist in deinen Augen Trug und Humbug. Und was noch schlimmer ist: Oft ist es eine Kloake gewesen, hinter der ich meine Angst verbarg, ich könnte nicht bekommen, um was ich dich gebeten hatte.

Du, der du so viel mehr Leben hast als ich, geh bitte mit mir durch die Straßen der Stadt und hilf mir, einen Parkplatz zu finden und erinnere mich, wohin ich den Zettel mit der Telefonnummer verlegt habe. Und bitte, laß meine Frau in dieser Nacht gut schlafen, befreie meinen Nachbarn von seiner Arthritis, hilf Jone, wieder Arbeit zu finden. Wenn ich daran denke, daß du sowohl Mensch bist als auch Gott, das macht mich glücklich; ich weiß, daß jede Schwierigkeit, die mir jemals begegnet, schon lange hinter dir liegt.

So gebietest du mir, daß ich dir alle meine Nöte sage, und du versprichst, daß Freude und gute Gaben deine Antwort auf meine Bitten sind. Herr, ich brauche wirklich . . . . Ich möchte dich auch bitten für . . . .

Ich möchte wie du über diese Bitten denken — gibst du mir bitte deine Gedanken darüber? Bitte ich, ohne es zu wissen, um etwas, was schadet und nicht nutzt? Muß ich erst noch warten und wachsen, vergeben, gehorchen, bevor du mir meine Bitten erfüllen kannst? Und Herr, wenn ich Geduld brauche, um deine vollkommene Zeit abzuwarten — Herr, ich bitte dich, gib mir, was mir fehlt!

In frohem Vertrauen warte ich auf deine Antwort. Dank' dir, Herr Jesus. Amen.

16

2. KAPITEL

Das Gebet aus Hilflosigkeit

Als ich im Krankenhaus lag, fiel mir auf, wie oft die Washingtoner Zeitungen über Todessprünge von der Calvert-Street-Brücke berichteten. Das wiederholte sich tatsächlich so oft, daß man diese Brücke die »Selbstmordbrücke« nannte.

Als ich über das menschliche Drama nachdachte, das hinter diesen kurzen Notizen stand — die 31jährige Frau eines Majors der Luftwaffe hatte Krebs und sprang von der Brücke, und dann beschäftigte mich der ältere Mann, dessen Frau gerade gestorben war —, kam ich zu dem Ergebnis, daß hinter all diesen Tragödien etwas Gemeinsames stand: Jede Person muß völlig hilflos gewesen sein. Und ich habe gedacht: Wenn ich zur Stunde Null mit solchen Leuten hätte sprechen können, würde ich sie mit dem Gedanken zurückzuhalten versucht haben, daß Hilflosigkeit eine der größten Aktivposten im menschlichen Leben ist.

Denn ich glaube, daß das alte Klischee »Hilf dir selbst, dann hilft dir Gott« nicht nur eine Irreführung ist, sondern oft eine tödlich wirkende Unwahrheit. Meine aufregendsten Antworten auf Gebete habe ich bekommen, als ich so hilflos war und so unkontrolliert, daß ich nichts, aber auch gar nichts für mich hätte tun können.

Der Psalmist sagt: In Bedrängnis hast du mir Raum gemacht![1]

Mit der Zeit habe ich diese Bedrängnis als eine von Gottes liebevollsten Einrichtungen kennengelernt, durch die er uns darauf hinweist, daß er da ist und unsere Probleme völlig in der Hand hat.

Eine solche Erfahrung machte ich, als ich mein erstes Buch schrieb. Als junge Witwe von Peter Marshall, dem Pfarrer der schottischen Presbyterianer und Hausprediger des US-Senats, wagte ich, was viele für einen ziemlich verwegenen Plan hielten: seine Biographie zu schreiben. Das halbe Manuskript war schon fertig, als ich von einem, von dessen Urteil ich etwas hielt, eine niederschmetternde Kritik bekam. Er sagte mir gerade heraus: »Du hast überhaupt noch nicht begonnen, über den Menschen Peter Marshall etwas Wesentliches auszusagen.« Und er hatte recht, das war das Schlimmste. Das Bewußtsein meiner Unzulänglichkeit als Autor war nicht nur ein intellektuelles Problem. Es legte sich mir aufs Gemüt, und es gab viele Tränen. Aber aus dieser Krisis kam ich zu einer großen Erkenntnis.

In meiner Hilflosigkeit gab es keine andere Alternative, als das Projekt in Gottes Hände zu legen. Ich betete, daß das Buch »Ein Mann namens Peter« sein Buch sei und damit auch alles, was daraus würde.

Es wurde etwas. Ich kann es noch nicht fassen, daß mehrere Millionen Exemplare des Buches in die Welt gingen. Dazu kam der Erfolg des Films. Aber beides konnte nur geringe Bedeutung haben, verglichen mit dem, was ich von Zeit zu Zeit über Veränderungen im Leben derer hörte, die das Buch gelesen hatten — von Menschen, die sich durch den Einfluß von Peter Marshalls Leben in den Dienst gerufen wußten und gingen.

Jahre später erlebte ich, wie das Gebet der Hilflosigkeit eine Alltagssituation veränderte — es ging um eine Haushaltshilfe. Vor meiner Heirat mit Leonard LeSourd im Herbst 1959 zitterte ich schon bei dem Gedanken an seine drei kleinen Kinder. Mein Sohn Peter John war schon seit drei Jahren im Internat, und ich war mit meiner Schriftstellerkarriere völlig ausgelastet. Um mich zu ermutigen, winkte mir Leonard mit dem Versprechen, eine Haushaltshilfe zu besorgen. Er kann kaum gewußt haben, wie es in Chappaqua, New York, um Haushaltshilfen bestellt war. Monate vergingen. Eine Frau kam ein paar Wochen, dann blieb sie weg. Wir annoncierten, aber ohne Erfolg. Selbst anhaltendes Beten brachte uns der Lösung keinen Schritt näher. Am Ende hielt ich es für notwendig, alles selbst zu machen, fand aber bald heraus, daß es mehr als ein Ganztagsjob war. Woche um Woche kam ich nicht an meinen Schreibtisch.

Dann ging es wieder einmal auf die altvertraute Art — das

Gebet der Hilflosigkeit, das Eingeständnis, daß ich nicht alles selbst machen konnte; dann die Erkenntnis, daß meine Hauptverantwortung unser Heim war. Wenn Gott mir die Schriftstellerei zurückgeben wollte, würde er mir schon den Weg zeigen.

Nach diesem Eingeständnis der Hilflosigkeit kam Lucy Arsenault zu uns. Lucy — besonnen, vertrauenswürdig, loyal, eine bewundernswerte Köchin, eine große Persönlichkeit.

Warum bestand Gott darauf, daß ich meine Hilflosigkeit anerkannte, und warum machte er gerade dies zur Voraussetzung für die Erhörung meines Gebetes?

Einen Grund erkannte ich in dem Umstand, daß die menschliche Hilflosigkeit eine feststehende Tatsache ist. Gott ist Realist, und er besteht darauf, daß auch wir Realisten sind. Solange wir uns selber einreden, die menschlichen Möglichkeiten könnten die Wünsche unseres Herzens befriedigen, sind wir Opfer einer Lüge. Und es ist unmöglich, daß Gebete beantwortet werden, die auf Selbsttäuschung und Unwahrheit beruhen.

Was ist denn aber die Wahrheit über unsere menschlichen Voraussetzungen? Keiner von uns hat irgendeinen Beitrag zu seiner Geburt geleistet; keiner einen Beitrag dazu, ob wir Männer oder Frauen wurden, Japaner oder Russen oder Deutsche, Weiße oder Gelbe oder Schwarze. Wir hatten ebensowenig Einfluß auf unsere Ahnen wie auf unsere geistige oder körperliche Beschaffenheit.

Seit wir geboren sind, kontrolliert ein autonomes Nervensystem jede lebenerhaltende Funktion. Eine Kraft, die keiner wirklich versteht, sorgt dafür, daß unser Herz schlägt, unsere Lungen atmen, unser Blut zirkuliert, unsere Körpertemperatur bei 36,7 °C liegt.

Ein Arzt kann Zellengewebe herausschneiden, aber er hat keinen Einfluß darauf, daß der Körper die verschiedenen Gewebe wieder zusammenbindet.

Wir werden unbarmherzig und automatisch älter.

Selbsterhaltendes System? Kaum!

Selbst der Planet, auf dem wir leben — mit seiner Schöpfung hatten wir nichts zu tun. Der kleine Planet Erde ist genau in der richtigen Entfernung — 147 bis 151 Millionen Kilometer — von seiner Wärme- und Lichtquelle entfernt. Einige Kilometer näher, und wir würden von der Sonnenausstrahlung vernichtet; einige Kilometer weiter entfernt, und wir wären dem Gefriertod ausgesetzt. Das Verhältnis von Sauerstoff und Stickstoff in der Luft ist für das Leben auf der Erde genau richtig, wie auch die Bodenbeschaffenheit und die Schöpfung der dünnen Erdkruste überhaupt — all dies geht ohne auch nur den geringsten Anteil des Menschen vor sich — des kleinen Menschen, der selbstbewußt und aufgeregt über die Oberfläche seiner Erde daherstolziert.

Machte Jesus je eine Bemerkung über dies alles? Ja, und wie immer traf er mit seinen Worten den Nagel auf den Kopf: ». . . ohne mich könnt ihr nichts tun«, sagte er.[2]

Nichts? Nun scheinen wir die Sache aber etwas herunterzuspielen. Immerhin haben wir Menschen große Fortschritte gemacht. Wir haben Krankheiten wie Pocken, Beulenpest, Tuberkulose, Kinderlähmung und die meisten ansteckenden Kinderkrankheiten fast ausgerottet. Wir haben es gelernt, unsere Umwelt weitgehend unter Kontrolle zu halten. Wir haben Menschen auf den Mond geschickt. Wie kann das alles mit Hilflosigkeit umschrieben werden?

Für die meisten von uns ist das nicht gerade eine reizvolle Idee. Der Kult mit dem Humanismus in unseren Tagen hat uns glauben gemacht, daß wir alle Voraussetzungen haben, reif zur Selbstbestimmung zu sein.

Aber nicht allein Jesus bestand darauf, daß es stimmt mit unserer Hilflosigkeit; er unterstrich es, indem er uns sagte, daß er sich der selben Hilflosigkeit unterzogen hat, als er Mensch wurde. »Ich kann nichts von mir selbst tun«, sagte er zu seinen Aposteln. »Der Vater, der in mir ist, er tut die Werke.«[3] Hier wie in jeder anderen Hinsicht war er vollkommen Mensch.

Die Heilige Schrift macht es uns Punkt für Punkt klar, wie hilflos wir im Blick auf unser geistliches und körperliches Leben sind:

Wir sind für Gott offen. Wir denken, daß wir zu ihm hin gelangen. »Aber nein«, sagt Jesus: »Keiner kann zu mir kommen, es sei denn, daß der Vater ihn zieht ...«[4]

Wir möchten von unseren Sünden geheilt werden und wollen ewiges Leben haben. Wir denken, daß wir dieses Heil verdienen. Nein. Die Wahrheit ist: »... die Gabe Gottes ist es, nicht aus Werken, damit niemand sich rühme.«[5]

Soweit wir für den Sieg in unserem Leben Kräfte und Gnadengaben brauchen: Glauben, Freude, Geduld, inneren Frieden, die Fähigkeit, die Elenden und die Unbeliebten zu lieben — es gibt keinen Weg, auf dem wir uns diese Qualitäten selbst beschaffen könnten. Paulus sagt in Galater 5, 22.23, daß das Gaben des Heiligen Geistes sind. Sie können auf keine andere Weise erlangt werden. »... ein Mensch kann nichts empfangen, es werde ihm denn vom Himmel gegeben.«[6]

Auf diese deutlichen Hinweise auf unsere Hilflosigkeit stoßen wir überall in den Büchern der Christen. Zum Beispiel auch in jenem kleinen Juwel eines Buches aus dem 17. Jahrhundert, in Bruder Lorenz' »Praxis der Gegenwart Gottes«. Die Hilflosigkeit war das Gelenk, um das sich die Beziehung dieses Laienbruders von den Karmelitern zu Gott drehte:

Wenn er bei einer Gelegenheit seine Dienste anbot, wandte er sich an Gott und sagte: »Herr, ich kann das nicht tun, wenn du mich dazu nicht befähigst«; und dann erhielt er mehr Kraft, als er brauchte.

Wenn ihm bei seiner Arbeit etwas nicht gelang, bekannte er seinen Fehler mit folgenden Worten: »Gott, ich kann es niemals anders machen, wenn du mich mir selbst überläßt. Du bist es, der mich vor meinen Fehlern schützen muß und der in Ordnung bringen muß, was nun verkehrt ist.«

Danach, so sagt Bruder Lorenz, gab es keine weiteren Ängste.

Wenn auch nur wenige von uns die Reife dieses Karmeliterbruders haben, so gibt es doch im Leben eines jeden von uns Situationen, die er nicht mehr in der Hand hat, Umstände, die er nicht verändern kann. Wenn es soweit ist, dann heißt diese Zeiten hochwillkommen! Oft sind dies die einzigen Gelegenheiten, bei denen wir kleineren Geister die Wahrheit erfahren, die Jesus im 15. Kapitel des Johannesevangeliums ausspricht: »Ohne mich könnt ihr nichts tun.«

Dies ist eines der hoffnungsvollsten Worte der Heiligen Schrift — *ohne mich könnt ihr nichts tun*. Denn Christus gibt uns seine großen Verheißungen erst auf der Basis des offenen Bekenntnisses unserer totalen Unfähigkeit in der Trennung von ihm. Große Verheißungen wie jene herrliche, die tausendmal unsere Hilflosigkeit ersetzen kann: »... bei Gott sind alle Dinge möglich.«[7] Das heißt doch, daß ein allmächtiger, jenseitiger und gegenwärtiger Gott über allem und in allem ist und dies viel umfassender, als wir überhaupt wahrnehmen können.

Mit Hilflosigkeit allein würde man wie ein Vogel versuchen, nur mit einem Flügel zu fliegen. Aber wenn der andere Flügel, Gottes ausreichende Kraft, zu unserer Hilflosigkeit kommt, dann kann der Vogel im Triumph auffliegen und die Probleme hinter sich lassen, die uns bis dahin niedergedrückt haben.

In New York lebte ein Pfarrer Dr. A. B. Simpson. Er war ein bekannter Pfarrer, dessen Lebensgeschichte mir schon immer großen Eindruck gemacht hatte. Dieser Mann kränkelte seit einiger Zeit. Zwei Nervenzusammenbrüche und sein schwaches Herz veranlaßten seinen Arzt, ihm, der gerade erst achtunddreißig war, vorauszusagen, daß er niemals vierzig werden würde. Die Diagnose des Arztes unterstrich nur die körperliche Hilflosigkeit, von der dieser Pfarrer sehr wohl wußte. Predigen war für ihn eine furchtbare Anstrengung geworden, und schon eine kleine Steigung verursachte ihm schmerzhafte Atembeschwerden.

Verzweifelt, körperlich krank und geistig niedergedrückt, schlug Dr. Simpson seine Bibel auf, um zu lesen, was Jesus über Krankheit gesagt hat. Sie bestätigte seine Überzeugung, daß Heilung ein Teil des Evangeliums von der Erlösung des ganzen menschlichen Seins ist.

An einem Freitag nachmittag, bald nach dieser Offenbarung, machte Dr. Simpson einen Spaziergang. Er mußte langsam gehen, hatte beständig Schmerzen und Atembeschwerden. Als er den

Wald erreicht hatte, setzte er sich hin, um auszuruhen. Da begann er zu beten. Er sprach mit Gott über seine totale Hilflosigkeit im Blick auf seinen körperlichen Zustand. Aber zu dieser Hilflosigkeit kam sein Glaube, daß Gott die ganze Zeit über schon seine Genesung im Auge hatte. Das war wieder jene machtvolle Kombination: »Meine totale Hilflosigkeit — deine ausreichende Kraft!« So bat er Christus, zu ihm zu kommen; er übergab ihm sein körperliches Leben mit all seinen Nöten bis zu dem Punkt, da sein Lebenswerk getan wäre.

»In diesem Wald verband ich mich neu mit Gott«, sagte er später. »Jede Zelle in mir prickelte von dem Bewußtsein seiner Gegenwart.«

Ein paar Tage später stieg Simpson auf einen Zweitausender. »Als ich die Spitze erreichte«, erzählte er fröhlich, »lag die Welt der Krankheit und der Furcht zu meinen Füßen. Seit der Zeit habe ich buchstäblich ein neues Herz in meiner Brust.«

Und so blieb es. In den ersten drei Jahren nach dieser Heilung predigte er mehr als tausendmal; manchmal hatte er zwanzig Versammlungen in einer Woche. Sein Zeugnis war es, daß er niemals mehr außer Atem kam. Für den Rest seines Lebens schrieb er Bücher: Predigten, seelsorgerliche Hilfen und anderes. Er wurde sechsundsiebzig Jahre alt.

Mehr noch: Simpsons Werk überlebte ihn. Die Christian and Missionary Alliance, eine Missionsgesellschaft, die er gegründet hat, ist heute noch eine lebendige geistliche Kraft; seine Bücher erscheinen noch immer in neuen Auflagen und haben Millionen gesegnet.

Wie kommt es nun, daß das Gebet so auffallend wirkungsvoll ist, wenn wir unsere Hilflosigkeit zugeben? Nun, zunächst, wie wir gesehen haben, weil Gott darauf besteht, daß wir die nüchternen Tatsachen unserer menschlichen Situation im Auge behalten. So baut sich also unser Gebet auf dem festen Fundament Wahrheit auf und nicht auf Selbsttäuschung oder Wunschdenken.

Die Erkenntnis und Anerkenntnis unserer Hilflosigkeit ist auch der schnellste Weg zu jener inneren Einstellung, die Gott beim betenden Menschen sucht und die ein tödlicher Schlag gegen die schwerste Sünde überhaupt ist — das Streben nach Unabhängigkeit des Menschen, das von Gott nichts wissen will.

Ein anderer Grund ist folgender: Solange wir uns an uns selbst und an anderen Menschen vorbeilügen, sind wir außerstande, etwas aus erster Quelle über Gott zu erfahren — wie er ist, über seine Liebe zu uns als Individuen und über seine wirkliche Macht. Außerdem ist Gemeinschaft mit Jesus das eigentliche Ziel des Lebens und die einzige Basis für Ewigkeit. Das ist Wirklichkeit, diese tägliche Gemeinschaft, die er uns anbietet.

Wenn also gerade unsere menschlichen Pläne und Kalkulationen fehlgeschlagen sind, wenn eine menschliche Stütze nach der anderen umgefallen ist und die Türen dir vor der Nase zugeschlagen wurden, dann faß dir ein Herz. Dann will dir Gott eine Botschaft durchgeben, und die Botschaft lautet: »Hör auf, dich von unangemessenen menschlichen Möglichkeiten abhängig zu machen. Laß mich die Sache erledigen.«

Dem, der zu ihm mit dem Gebet der Hilflosigkeit geht, möchte ich drei Empfehlungen mitgeben:

Erstens, seien Sie aufrichtig Gott gegenüber. Sagen Sie ihm, daß Sie sich klar darüber sind, daß Sie in seinen Augen hilflos sind. Geben Sie Gott die Erlaubnis, Sie Ihre Hilflosigkeit auch gefühlsmäßig spüren zu lassen, wenn er das will. Und machen Sie sich klar, daß dies schmerzhaft sein kann. Es gibt gute psychologische Gründe, warum dieser erste Schritt notwendig ist. Bevor die Kraft unserer Gefühle berührt wird, ist es, als bleibe eine Zündschnur unbenutzt.

Zweitens, kommen Sie mit den Wünschen, die Ihr Herz wirklich bewegen, zu Gott. Sie haben Ihre Hilflosigkeit akzeptiert. Nun erfassen Sie mit der gleichen Willenskraft Ihres Glaubens, daß Gott das tun kann, was Sie nicht tun können. Es kann sein, daß Sie eine Zeitlang meinen, Sie stützten sich auf ein Nichts, als hingen Sie über einem Abgrund. Geben Sie nicht soviel auf diese Gefühle und danken Sie ganz ruhig Gott, daß er an Ihrer Sache arbeitet.

Drittens, achten Sie auf sich öffnende Türen. Wenn sich die richtige Tür öffnet, dann werden Sie eine ruhige innere Sicherheit haben, daß Gottes Hand am Türgriff ist. Jetzt ist es Zeit, aktiv zu werden und die Gelegenheit zu schöpferischem Handeln zu ergreifen.

Später werden Sie eines schönen Tages zurückschauen, und Ihr Herz wird überfließen vom Dank gegen Gott, weil ihm so daran gelegen war, daß Sie ihm gegenüber ganz still geworden sind. Ohne diese nachdrückliche freundliche Fürsorge würden Sie niemals aus erster Hand die bewundernswerte Kraft des Gebetes aus Hilflosigkeit kennengelernt haben.

Wo bist du, Herr?

Herr, die Umstände sind übermächtig geworden. Ich fühle mich wie ein Tier, das in eine Ecke gejagt worden ist, aus der es keine Flucht mehr gibt. Wo bist du in alledem, Herr? Die Nacht ist dunkel. Ich kann deine Gegenwart nicht fühlen.

Hilf mir zu erkennen, daß die Dunkelheit in Wirklichkeit der Schatten deiner liebevoll ausgestreckten Hand ist; daß du es bist, der uns das Stopschild an den Weg gestellt hat. Wahrscheinlich konntest du unsere volle Aufmerksamkeit auf keine andere Weise erreichen. Auf keine andere Weise würde ich dir Gelegenheit gegeben haben, zu zeigen, was du in meinem Leben tun kannst.

Ich sehe es nun: Je leerer mein Becher ist, desto mehr Raum hat er für deine Liebe und Hilfe. Herr, ich übergebe dir diese Situation: . . . . und bitte dich, erfülle sie zu deiner Zeit und auf deine Weise aus dem Reichtum der dir zur Verfügung stehenden Mittel.

Ich danke dir, Vater im Himmel, daß du mir deine Reichtümer zur Verfügung stellst — nicht aufgrund meiner Verdienste, sondern um Jesu willen. Deshalb bitte ich in der Kraft seines Namens. Amen.

3. KAPITEL

Das Gebet, das Träume verwirklichen hilft

Es ist eine der aufregendsten Tatsachen, die ich kenne, daß alles
vom Menschen Hergestellte und die größten Aktivitäten in Ihrem
und meinem Leben mit einer Idee oder einem Bild in unserem
Geist beginnen. Das sagte mir meine Mutter, und gleichzeitig
demonstrierte sie mir höchst lebendig das Gebet, das Träume
verwirklichen hilft.

Als Teenager träumte ich davon, das College besuchen zu dürfen, aber es war die Zeit der Weltwirtschaftskrise und die Kirche
von West-Virginia, der mein Vater als Pfarrer diente, litt an dem
finanziellen Engpaß. Am Agnes-Scott-College in Decatur, Geor-
gia, war ich angenommen. Ich hatte bei Wettbewerben ein
paar Preise gewonnen und auf diese Weise etwas Geld gespart,
hatte auch eine Stelle als Werkstudentin zugesagt bekommen,
aber es fehlten immer noch ein paar hundert Dollar.

Eines Abends warf ich mich auf mein Bett, vergrub mein Gesicht in das Kissen und weinte. Da kam meine Mutter. Sie setzte
sich neben mich und sagte ganz ruhig:

»Du und ich wollen wegen dieser Sache beten.« Wir gingen in
das Gästezimmer und knieten neben dem altmodischen Eichen-
bett nieder; es war eines von den Aussteuerbetten der Eltern.

»Ich weiß«, sagte Mutter zu mir, bevor sie zu beten begann,
»daß es für dich richtig ist, zum College zu gehen, ich glaube,
diesen Wunsch hat dir Gott ins Herz gegeben. Komm, wir wollen
ihn jetzt bitten zu sagen, wie wir ihn verwirklichen können.«

Während jener wenigen Minuten im Gästezimmer kamen Vertrauen und eine frische Entschlußkraft über uns. Mutters Glaube
war ansteckend. Die Antwort würde kommen. Wie — das konnten wir nicht wissen.

Ich bereitete mich also für Agnes-Scott vor. Kurz darauf bekam Mutter den Auftrag, eine historische Arbeit zu schreiben.

Mit ihrem Honorar konnten wir den größten Teil meiner College-Kosten bestreiten.

Ein noch dramatischeres Beispiel von Mutters Art, auf diese Weise zu beten, lieferte ein junger Mann vom »Radical Hill«, einem heruntergekommenen Viertel unserer Stadt. Raimond Thomas lebte bei Pflegeeltern und hatte keine Vorstellung, wer seine wirklichen Eltern waren.

Ray kam immer, um einen Schwatz mit meiner Mutter zu halten. Ich kenne ihn nur in Arbeitskleidern und Kommiß-Stiefeln. Er war blitzsauber, besaß aber keinen Anzug. Im Sommer saß er meist auf der obersten Treppenstufe zu unserer weinumrankten Veranda und redete und redete, während Mutter im Schaukelstuhl saß und Erbsen schälte oder Bohnen schnibbelte oder Socken stopfte. Mutter hatte seine grenzenlose Energie und seinen feinen Geist entdeckt.

An einem bestimmten Nachmittag erwachte in Ray die gleiche Sehnsucht, die ich gehabt hatte — College! Plötzlich war sein Traum an die Oberfläche gekommen. Da stand er nun, schimmernd, in der Luft der rauhen Wirklichkeit zitternd, und Mutter war glücklich, als sie beobachtete, wie in Rays braunen Augen die Nachdenklichkeit einer kindlichen Hoffnung wich.

»Aber wie kann ich das nur schaffen?« fragte der Junge. »Ich habe kein Geld gespart, habe auch keine Aussicht, welches zu bekommen.«

Mutter spürte, daß hier das Träume verwirklichende Gebet ein viel größeres Thema hatte. Es ging ja nicht nur um das College; es ging um eine ganz neue Einstellung zum Leben.

»Raimond, es ist ganz gleich, was du brauchst — Gott hat reichlich genug für dich, vorausgesetzt, daß du bereit bist, es anzunehmen. Du hast hierzulande immer noch Möglichkeiten, Raimond. Erst der Himmel ist die Grenze. Das Geld wird für jeden Traum, der von Gott kommt, zur Verfügung stehen, wenn du für seine Erfüllung zu arbeiten bereit bist.«

Für eine Pfarrfrau, die für sich selbst wenig genug hatte, war das ein tapferer Glaube. Aber Mutter hatte ihn oft erprobt, und diese Wahrheit schlug in Ray Wurzeln.

Dann kam der Tag, an dem Ray Mutters Glauben an Jesu ausreichende Kraft soweit angenommen hatte, daß sie ihn in das Gebet einführen konnte, das Träume verwirklichen hilft. Nachdem ich sie für mich beten gehört hatte, kann ich mir gut vorstellen, wie es bei Ray gewesen ist . . .

»Vater, du hast Ray einen starken Geist gegeben. Wir glauben, daß du diesen Geist entwickelt sehen willst, daß du Raimonds Möglichkeiten nutzen willst, einige Bereiche deiner Welt heller zu machen. Und weil alle Güter dieser Welt dir gehören, so hilf doch bitte Raimond, alles, was er für seine Erziehung braucht, zu finden.

Und, Vater, wir glauben auch, daß du größere Pläne für Raimond hast. Pflanze in seinen Geist und in sein Herz die lebendigen Bilder, die spezifischen Träume, die deine Pläne für ihn nach dem College widerspiegeln. Und gib ihm Freude beim Träumen — große Freude. In Jesu Namen . . .«

Mit einer dünnen Brieftasche und großem Glauben ging Raimond Thomas an den Bus und fuhr zum College. Wie er es schaffte, ist eine zu lange Geschichte, um sie hier zu erzählen.

Jedenfalls fand Mutter eine Frau, die ihm ein Darlehn gab, ihm ermutigende Briefe schrieb und für ihn betete. Und Raimond selbst stellte sich der Verantwortung, indem er Initiativen entwickelte. Innerhalb von vier Jahren hatte er zwölf Jobs, wobei er sowohl seine Zeit als auch sein Geld sorgfältig einteilte: Soviel Stunden für Seminare, soviel zum Studieren, für die Gemeinde, für Erholung. Es war für Mutter ein stolzer Tag, als Ray sein Examen cum laude bestanden hatte.

Während des Zweiten Weltkrieges und danach verlor ich den Kontakt zu Ray, der inzwischen nach Wien verzogen war. Dann, im Sommer 1958, schrieb ich ihm, daß ich nach Europa kommen würde. In Rom fand ich einen Brief, in dem er mir mitteilte, daß er mich erwartete.

»Ich habe eine Überraschung für dich. Du wirst eine Nachricht von der Reverenda Fabrica di San Pietro bekommen, mit der ich mich deinetwegen in Verbindung gesetzt habe. Es geht dabei um die Erlaubnis zur Besichtigung der ausgegrabenen sechzehn Jahrhunderte alten Gräberstraße, einer der größten Sehenswürdigkeiten von Rom in der Nähe des Hochaltars von St. Peter. Ich habe vor zwei Jahren alles, was sich auf dieses Unternehmen bezog, erforscht . . .«

Als ich mich in meinem Hotel in Florenz einfand, bekam ich einen anderen Brief von Ray:

»Wenn du den Dom besuchst, dann vergiß nicht, daß Brunelleschi vierzehn Jahre lang allein an der Kuppel gebaut hat. Im letzten Winter kletterte ich bis an die höchste Galerie direkt unter der Laterne und kroch überall herum . . .«

Mich erfüllte das alles mit großem Staunen. Dieser Mann schien keine Ähnlichkeit mehr mit dem Jungen von Radical Hill zu haben. Offensichtlich kannte er Europa, wie nur wenige Amerikaner es kannten. Und der sichere Geschmack, den seine Briefe verrieten, verwirrten mich.

Weitere Briefe kamen nach Venedig.

»Ich habe meinem Freund von den Salviati-Glas-Werken geschrieben und ihn gebeten, dir eine Gondel entgegenzuschikken. Du mußt die Glasbläser bei der Arbeit sehen . . .«

Nach Bad Gastein:

»Du wirst das Klima rauh finden. Ich bin dort Ski gefahren . . .«

Ray kam zum Flughafen von Wien mit einem Blumenstrauß in der Hand.

»Blumen und Musik gehören zu Wien«, erklärte er. »Wer hier zu einem Abendessen eingeladen wird, bringt immer einen Blumenstrauß mit.« Nachher, als wir vor Sachertorte und Kaffee saßen, begann er meine Fragen zu beantworten.

»Daß ich bei deiner Mutter auf den Treppenstufen zu eurer Veranda sitzen und träumen konnte, ich würde zum College gehen, obwohl ich keinen Pfennig Geld in der Tasche hatte, und daß ich diesen Traum verwirklichen konnte, daran habe ich viel gelernt. Es war so einfach, was deine Mutter mir gesagt hatte, aber es war wahr — jeder von Gott kommende Traum kann verwirklicht werden. Die materiellen Mittel dazu stehen dem Träumer auf Abruf zur Verfügung. Und beten hilft dir, herauszufinden, ob es richtig ist, und gibt dir die Kraft, es durchzustehen.«

Er erzählte von seinen Kriegserlebnissen — er ist einer der wenigen Überlebenden eines Torpedoboot-Zerstörers — und wie er im Lazarett weitergeträumt habe. Damals bewegte ihn die Frage, wie er den Rest seines Lebens gestalten sollte.

»Ich wollte eine Art Weltbürger sein, der seinem Land in Friedenszeiten dient, wollte reisen, verschiedene Sprachen beherrschen und promovieren.«

»Ich staune, daß deine Träume so spezifisch sind«, warf ich ein.

Ray schlürfte seinen Kaffee und sah gedankenverloren aus dem Fenster. »Nur dann kommt der Prozeß in Gang«, antwortete er. »Die Vorstellung, die sich in dir entfaltet hat, die ist die treibende Kraft. Und du mußt bestimmte Vorstellungen haben, wenn du geistige Bilder in praktisches Leben umsetzen willst.«

Dann fuhr Ray fort, mir mehr davon zu erzählen, wie sich sein Traum verwirklicht hatte: Reisen in sechzig Länder, sein Doktor in Physik von der Universität Wien, was voraussetzte, daß er Deutsch beherrschte. Er sprach auch Spanisch, einigermaßen Französisch, etwas Italienisch, Holländisch und Schwedisch und ein bißchen Russisch. Er diente seinem Land mit einer Arbeit im amerikanischen Atomenergieprogramm in Europa.

Rays Geschichte zeigt, daß es eine Beziehung zwischen konstruktivem Träumen und Gebet gibt. Und in gewissem Sinne ist all dieses Träumen auch Beten. Es ist sicher der Wille unseres Schöpfers, daß die Wünsche und Talente, die er selbst in uns hineingelegt hat, zu Taten kommen. Gott ist im höchsten Maße daran interessiert, daß sich die Persönlichkeit, die er in uns angelegt hat, entfaltet. Er will, daß wir einiges von den Plänen, die er über uns hat, verstehen. Schließlich ist es das Gebet, in dem der Mensch mit Gott kooperiert, indem er Gottes erstaunliche Pläne mit uns vom Himmel auf die Erde herunterholt.

Traurig genug, daß wir uns gar keine Mühe geben, seine Gedanken über uns einzufangen, weil unsere Fähigkeit zu träumen dadurch abgebaut wird, daß wir uns unter bestimmten Voraussetzungen einen Armutskomplex zugezogen haben. Das entdeckte ich zum ersten Mal bei einer früheren Schulfreundin, die eine sehr ärmliche Kindheit gehabt hat. Dot, wie ich sie nennen will, war nicht in der Lage, sich eine Vorstellung von ihrem späteren Beruf zu machen.

Sie war mit hohen Vorstellungen von einer Arbeit für die Regierung nach Washington gekommen. »Ich brauche mich gar nicht um einen Beruf zu kümmern«, hatte sie mir gleich nach ihrer Ankunft erklärt. »Ich weiß, daß Gott einen Plan für mein Leben hat. Ich habe ihn nur noch nicht herausgefunden. Wieso soll ich dann noch wegen meines Berufes beten?«

»Was für ein Beruf würde dir denn am meisten Freude machen?« fragte ich sie. »Gewöhnlich ist das ein Hinweis auf das, was man tun sollte.«

Meine Freundin sah mich verdutzt an und schwieg.

»Hast du jemals so eine Art Tagtraum gehabt?« fuhr ich fort. »Gibt es irgend etwas, nach dem du dich schon lange gesehnt hast?«

»Nei-n. Nichts.«

Der Grund dafür, daß dieses Mädchen keine konstruktiven Träume hatte, lag in den finanziellen Schwierigkeiten ihrer verwitweten Mutter, die ihr beigebracht hatte, daß die, die wenig oder gar nichts erhoffen, niemals Enttäuschungen erleiden werden. Das war nichts weniger als eine hervorragende Übung in Armutserwartung. Ich sah mit Kummer, wie meine Freundin in einem der vielen langweiligen Büros irgendeines Ministeriums landete, wo sie auf Kosten ihrer Fähigkeiten eine routinierte Arbeiterin wurde.

Ich weiß jetzt, daß es aus einer solchen Situation einen Ausweg gibt. Wenn wir merken, daß im Bereich unseres Unbewußten solche Zerstörungen stattfinden, dann können wir die Kraft des Heiligen Geistes anrufen. Er kann mit uns in die Vergangenheit zurückgehen und alles Gift herauswaschen, die ungeebneten Plätze glätten und eine Prachtstraße anlegen, auf der unser Gott mit seinem lang vergessenen, häufig aufgeschobenen Plan für unser Leben triumphierend in die Gegenwart einzieht.

Es gibt praktisch für diese Kombination von Träumen und Gebet keine Grenzen des Erreichbaren. Ich habe auf vielen Gebieten erstaunliche Resultate festgestellt: Bei der Suche nach dem richtigen Mann oder dem richtigen Beruf, nach dem idealen Haus, bei der Erziehung der Kinder oder beim Aufbau eines Geschäftes.

Auf die Geschichte der Olivettis wurde ich vor einigen Jahren aufmerksam, als ich ihre Schreibmaschinen- und Büromöbelfabrik in Ivrea besuchte. Ich sah dort vierundfünfzig Morgen sorgfältig gestaltete Ländereien. In der Nähe ein Krankenhaus für die Mitarbeiter und eine Bibliothek. Reihen von pastellfarben gestrichenen Apartments. Das Werk ist dafür bekannt, daß es genauso zum Nutzen seiner Beschäftigten arbeitet und dabei ein einleuchtendes soziales Programm entwickelt hat, wie auch für seinen eigenen internationalen Erfolg. Und ich war natürlich elektrisiert, als ich herausfand, daß dies alles das Ergebnis eines Traumes war ...

Vor vielen Jahren stand an einem schönen Herbsttag ein junger Italiener im Hof der Underwood-Werke in Connecticut und starrte auf die roten Ziegelgebäude. Wer an dem jungen Mann vorbeigegangen ist, wird sich über dessen Versunkenheit in den Anblick der Ziegelmauern gewundert haben, denn sie unterschieden sich in nichts von denen anderer Fabriken in Neu-England.

Aber für Adriano Olivetti stellten die alten Gebäude einen Lebenstraum dar. Damals war Underwood der größte und bekannteste Name in der Schreibmaschinenbranche. Eines Tages, träumte Adriano, würde ihm ein Werk wie dieses gehören, und der Name OLIVETTI würde für dieselbe Qualität bürgen wie Underwood. Und indem er sich die Gebäude, vor denen er stand, in Kopf und Herz einprägte, schuf er ein geistiges Bild, das sein Beten in dieser Sache ganz konkret werden ließ.

34 Jahre später kehrte Adriano als Präsident der Ing. C. Olivetti & Co. nach Amerika zurück. Damals telefonierte er mit einem Kollegen in Italien und sagte: »Ich habe gerade etwas ge-

kauft . . .« Hier mußte er wegen einer starken inneren Bewegung unterbrechen, bevor er fortfuhr: »Ich habe gerade die Underwood-Companie gekauft.«

8 700 000 Dollar hatten den Besitzer gewechselt. Mit dem Erwerb dieser alten amerikanischen Gesellschaft erfüllte sich für Adriano Olivetti ein vierunddreißig Jahre alter Traum.

Es gibt Christen, die im Blick auf dieses *Gebet, das Träume verwirklichen hilft,* sehr zurückhaltend sind; sie meinen, es gehe eigentlich überhaupt nicht an, wegen materieller Bedürfnisse, wie Karriere oder Essen und Kleider zu beten; darum, beim Angeln einen Fisch zu fangen, einen Studienplatz oder einen Parkplatz zu finden. Sie fragen dann: »Liegt darin nicht eine Gefahr, daß man Gott und geistliche Prinzipien für selbstsüchtige Zwecke einspannt?«

Das ist eine berechtigte Frage, die beantwortet werden muß.

Wenn wir uns also fragen, ob Gott will, daß wir unsere materiellen Bedürfnisse in unsere Bitten einbeziehen, so müssen wir doch auch feststellen, daß Christus genauso am Körper der Menschen interessiert war wie an ihrer Seele. Er kümmerte sich um ihre Krankheiten und ihren körperlichen Hunger. Keine der Weltreligionen legt materiellen Dingen so viel Bedeutung bei und nimmt sie so real wie das Christentum — so real, daß Christus in einem realen Körper an einem realen Kreuz sterben mußte.

Der Gefahr, daß unsere Träume eher unserer menschlichen Selbstsucht entspringen und weniger dem Willen Gottes, können wir mit einigen Tests begegnen. Nur wenn ein Traum solch eine Testserie bestanden hat, wir also sicher sind, daß unser Herzenswunsch auch Gottes Wille ist, noch bevor wir seinetwegen beten, nur dann können wir das Traumgebet in Glauben und Vollmacht beten.

Wir beginnen damit, daß wir anerkennen: Gottes Gesetze sind in unserem Universum wirksam, ob wir das feststellen können oder nicht. Wir haben mit diesen Gesetzen zu arbeiten und nicht etwa uns ihnen entgegenzustellen. Legen Sie sich deshalb folgende oder ähnliche Fragen vor:

- Soll mein Traum die Talente, den Charakter und die emotionalen Bedürfnisse, die Gott meinem Wesen eingepflanzt hat, weiterentwickeln und erfüllen? Diese Frage läßt sich nicht leicht beantworten, denn sie setzt Selbsterkenntnis voraus, Kenntnis dessen, wer wir sind, und nur wenige erfüllen diese Voraussetzung.

- Gehört zu meinem Traum, daß ich mir irgend etwas oder irgend jemanden aneigne, die zu jemand anderem gehören? Wird seine Erfüllung irgend jemand anderem Schmerz zufügen? Wenn das so ist, können Sie ziemlich sicher sein, daß dieser bestimmte Traum nicht Gottes Wille für Sie ist.

- Bin ich bereit, alle meine Beziehungen zu anderen Menschen zu ordnen? Wenn ich Empfindlichkeiten, Groll, Bitterkeit — gleich, ob sie gerechtfertigt sind oder nicht —, pflege: diese unguten Gefühle werden mich von Gott trennen, der Quelle aller schöpferischen Kraft. Außerdem: Kein Traum kann sich in einem Vakuum menschlicher Beziehungen verwirklichen. Schon eine ungeordnete Bezichung kann vom Kanal seiner Macht abtrennen.

- Wünsche ich die Erfüllung dieses Traums von ganzem Herzen? Träume verwirklichen sich gewöhnlich nicht in gespaltenen Persönlichkeiten. Nur das ganze Herz wird bereit sein, sich ganz für die Verwirklichung des Traums einzusetzen.

- Bin ich bereit, geduldig auf Gottes Handeln zu warten?

- Träume ich groß? Je größer der Traum und je mehr Menschen er zugute kommt, desto mehr ist anzunehmen, daß sein Ursprung der grenzenlose Erfindungsreichtum Gottes ist.

Wenn der Wunsch Ihres Herzens eine solche Testserie besteht. dann sind Sie für den endlich notwendigen Schritt zum Gebet bereit. Übergeben Sie Ihren Traum Gott, und dann überlassen Sie ihn ihm. Es wird Zeiten geben, in denen Ihnen der Traum wie ein Samenkorn erscheint, das in die dunkle Erde gelegt wird und dort bleiben muß, bis es keimt. Während dieser Zeit müssen wir nicht unbedingt passiv bleiben. Es gibt Dinge, die wir tun können und müssen: Düngen, gießen, jäten — das bedeutet harte Arbeit und Selbstdisziplin.

Aber das Wachstum der Saat, das geheimnisvolle und unaufhaltsame Wachsen von Leben in Dunkelheit und Stille, das ist Gottes Teil bei dieser Entwicklung. Wir brauchen nicht unsere Träume wieder herauszugraben, um zu prüfen und zu messen, wie weit die Dinge schon gediehen sind. Ich werde im nächsten Kapitel über die Kraft des vertrauenden und betenden Wartens mehr zu sagen haben.

Aber in der Zwischenzeit, lange bevor wir das Ergebnis unserer Hoffnung sehen können, praktisch im selben Augenblick, wenn ein von Gott gegebener Traum in unserem Herzen Wurzel schlägt, erfüllt uns ein seltsames Glücksgefühl. Ich habe den Eindruck gewonnen, daß in diesem Augenblick alle Quellen des Universums frei werden, um uns zu helfen. Unser Beten ist dann eins mit dem Willen Gottes, ein Kanal für die immer frohmachenden, triumphierenden Absichten des Schöpfers für uns und unsere Welt.

Gib mir einen Traum

*Vater, ich hatte einmal — es scheint lange her zu sein — so
große Träume, so große Erwartungen an die Zukunft. Jetzt kann
ich keinen blassen Schimmer am Horizont mehr wahrnehmen.
Meine Tage sind glanzlos. Ich sehe kaum noch etwas von blei-
bendem Wert. Wo ist dein Plan für mein Leben, Vater?*

*Du hast uns gesagt, daß wir ohne Sicht verlorene Menschen
sind.[1] Und weil ich weiß, daß ich dich vertrauensvoll bitten darf,
mir deinen ausdrücklichen Willen mitzuteilen,[2] bitte ich dich,
Vater im Himmel, pflanze in meinen Geist und in mein Herz den
bestimmten Traum ein, die Vision, die du für mein Leben hast.*

*Und mit diesem Traum gib mir doch bitte alles, was ich brau-
che — Freundlichkeit, Geduld, Ausdauer —, damit ich den
Traum in die Tat umsetzen kann. Ich nehme an, daß damit
Abenteuer verbunden sind, für die ich nicht vorbereitet bin. Aber
ich will dir so sehr vertrauen, daß ich dir auch folge, wenn du
mich neue Wege führst. Ich gebe zu, daß ich einige meiner ein-
gefahrenen Gleise schätze. Aber ich weiß, daß Verhaltensweisen,
die uns angenehm sind wie warme Pantoffeln, in Wirklichkeit
Gefängniszellen sein können. Herr, wenn ich aus einigen meiner
Gefängnisse ausbrechen muß, bevor ich die Sterne sehen kann
und deine Sicht gewinne, dann, Herr, beginne mit diesem Prozeß
jetzt. In froher Erwartung — Amen.*

4. KAPITEL

Das wartende Gebet

Es ist noch nicht lange her, daß ich eine geliebte und zerlesene alte Bibel durchblätterte, die ich eine Zeitlang nicht benutzt hatte, und dabei auf vergilbte Blätter stieß. Als ich daran dachte, welche Bewandtnis es damit hatte, mußte ich lächeln.

Als mein Sohn Peter noch klein war und ich mich — typisch Mutter — um ihn sorgte, stieß ich auf eine scheinbar äußerst kindliche Anweisung von Dr. Glenn Clark. Teil unseres Problems beim Beten für unsere Kinder, schrieb er, ist die Phasenverschiebung durch das notwendig langsame Heranreifen der Objekte unserer Gebete. Aber das ist Gottes Rhythmus in der Natur. Denn auch die Henne muß geduldig auf ihren Eiern sitzen und brüten, bevor die Küken schlüpfen.

An diesem Bild illustrierte Dr. Clark, daß auch wir Eltern jeden Tag in der Woche einige Zeit damit verbringen sollten, über unsere tiefsten Wünsche für unsere Kinder nachzudenken. Wir sollten sie zu Papier bringen und dann Jesus fragen, wie er darüber denkt, sollten alles aussondern, was oberflächlich oder egoistisch sei, bis wir an den Kern dessen gekommen seien, was Gottes Geist uns für diese bestimmte Person zu hoffen und zu träumen geschenkt habe.

»Und dann«, schrieb Dr. Clark, »münze diese Hoffnungen um in Gebete, schreibe diese Gebete auf Papierstreifen, schneide sie aus in Form von Eiern (damit du nicht vergißt, daß Brüten Geduldssache ist), und übergib die Bitten unserem Vater, damit er sie zu seiner Zeit und auf seine Weise erfülle. Damit wir es auch nicht vergessen, daß sichtbare Antworten nur langsam kommen, legen wir diese Papierstreifen zwischen die Seiten unserer Bibel — damit drücken wir aus, daß wir sie in Gottes Obhut geben.«

In der Zeit, als ich es mit meinen Gebeten für meine Kinder so machte, habe ich mit keinem Menschen darüber gesprochen, weil ich nicht für naiv gehalten werden wollte. Heute denke ich genau das Gegenteil. Ich meine, daß diese kleinen Papiereier ein Grundprinzip deutlich machen. Denn wenn ich beim Lesen meiner Bibel darauf stieß, stellte ich zu meinem großen Erstaunen fest, daß ein liebender Vater jede einzelne Bitte erfüllt hatte.

Warum? Was hatte es mit dieser Form von Beten auf sich, daß er es so auffallend beachtete? Es hatte gewiß nichts damit zu tun, daß ich Stücke Papier in Form von Eiern ausschnitt, oder daß das Papier meiner Bibel irgend etwas bewirkt hätte.

Als ich mir das klargemacht hatte, verstand ich, daß das Geheimnis im Warten gelegen hatte. Das Warten selbst, wenn es auf biblische Weise geschieht, scheint eine zwar fremdartige, aber dynamische Art der Kommunikation zwischen Mensch und Gott zu sein.

Warten spielt tatsächlich eine enorme Rolle in der Geschichte der Beziehung Gottes zum Menschen. Warten ist Gottes häufig benutzter Weg, auf dem er uns zeigen will, daß seine Macht Wirklichkeit ist und daß er unsere Gebete beantworten kann, ohne daß wir manipulieren oder uns einmischen müßten.

Aber es macht uns solche Mühe, unseren Willen, unseren Zeitplan zurückzustellen. Häufig reagieren wir wie ein Kind, das ein zerbrochenes Spielzeug zu seinem Vater bringt, damit er es wieder ganz macht.[1] Der Vater nimmt das Ding fröhlich in die Hand und macht sich an die Arbeit. Aber nach einer Weile überkommt das Kleine kindliche Ungeduld. Warum dauert das so lange?

Das Kind steht neben dem Vater, grapscht mit seinen Händen nach dem Spielzeug, bietet eine Menge sinnloser Ratschläge an und äußert törichte Kritik. Am Ende reißt es dem Vater das Spielzeug aus der Hand, rennt damit weg und stellt bitter fest, daß es sowieso nicht damit gerechnet hätte, daß der Vater damit fertig würde. Vielleicht ist es gar nicht sein Wille, Spielzeug zu flicken.

Wenn wir andererseits unser »zerbrochenes Spielzeug« vertrauensvoll dem Vater überlassen haben, bekommen wir es nicht nur glänzend restauriert zurück, sondern erleben dazu auch noch eine Überraschung. Wir erleben, was die Heiligen und Mystiker

40

festgestellt haben, daß während der dunklen Warteperiode, wenn die eigenen Kräfte versagen, ein erstaunliches geistiges Wachstum in uns spürbar wird. Wir stellen neue Qualitäten bei uns fest — mehr Geduld, mehr Liebe zum Herrn und zu denen, mit denen wir leben; mehr Fähigkeit, seine Stimme zu hören, und größere Bereitschaft zum Gehorchen.

Der göttliche Weingärtner hat uns gelehrt, was es heißt: Leben am Weinstock. Während der Wartezeit — wir dachten, das sei eine dunkle Nacht der Seele —, erfuhren wir das große Geheimnis des »Ausharrens«. Ausharren ist der Schlüssel zu den Schätzen des Himmels.[2]

Unser menschliches Problem ist, daß wir meinen, geistliches Leben sei gleichzusetzen mit *tun*. »Nein«, sagt Jesus. »Es ist mein Leben in dir.« Um zu wachsen und Frucht zu bringen, muß sich die Rebe nicht anstrengen und strecken. Sie braucht nur in Verbindung mit dem Weinstock zu bleiben, geduldig auszuharren, damit der lebenspendende Saft fließen kann. Nur dann »tragen wir viel Frucht«.

Jesus sprach häufig über die Bestimmung der Zeiten durch seinen Vater. Über den Grundsatz, daß es eine gottgewollte Reihenfolge und Wachstumsrate für alles in seiner Schöpfung gibt:

»Erst das Blatt, dann die Ähre, danach das volle Korn in der Ähre.«[3]

»Die Zeit ist erfüllt, und das Königreich Gottes ist nahe herbeigekommen«[4], konnte Jesus sagen. Oder wenn gewisse Jünger versuchten, ihn zum Handeln zu bewegen: »Meine Zeit ist noch nicht gekommen . . .«[5] Später, als sich die Schatten um das Kreuz vertieften: »Meine Zeit ist gekommen.«[6] Immer bestimmt Er die Zeit. Wir schaden uns nur selbst, wenn wir versuchen, den göttlichen Terminplan zu bestimmen und voranzutreiben.

Gott hat seine »Fülle der Zeit«, um jedes Gebet zu beantworten. Nur er kennt ja auch die Menge der Veränderungen, die in uns vorgenommen werden müssen, bevor er uns unsere Herzenswünsche erfüllen kann. Er allein kennt die Veränderungen und Auswirkungen fremder Ereignisse, die erst noch stattfinden müssen, bevor unser Gebet beantwortet werden kann. Deshalb sagt uns Jesus: »Es ist nicht eure Sache, Zeit oder Stunde zu wissen, die der Vater nach seiner eigenen Macht festgesetzt hat.«[7]

So benutzt der Herr das Warten als ein Mittel, uns für die besten seiner Gaben zuzubereiten. Er ließ die Kinder Israel generationenlang auf ihre Befreiung aus der ägyptischen Sklaverei warten. Wegen ihres sturen Ungehorsams mußten sie vierzig Jahre warten, bis sie soweit waren, das versprochene Land betreten zu können. Warten war die Ausgangssituation des Exils. Die ganze Geschichte des Alten Testaments ist die Geschichte eines geduldigen Wartens auf »die Erfüllung der Zeit«: die Geburt des Messias. Und nach der Himmelfahrt Jesu mußten diejenigen, die sich im Obersaal versammelt hatten, zehn volle Tage auf das Kommen des Heiligen Geistes warten.

Kein Wunder, daß einige von Gottes Verheißungen davon ausgehen, daß wir vertrauensvoll ihn die Zeit bestimmen lassen.

Der Herr ist gütig gegen den, der auf ihn wartet — Klagelieder 3,25.

Die aber auf den Herrn warten, werden das Land besitzen — Psalm 37,9.

Die aber auf den Herrn warten, empfangen immer neue Kraft, daß ihre Schwingen wachsen wie die Adler, daß sie laufen und nicht ermatten, daß sie wandeln und nicht müde werden — Jesaja 40,31.

Kein Ohr hat gehört, kein Auge gesehen einen Gott außer dir, der für die wirkte, die auf ihn warten — Jesaja 64,4.

Lasset uns aber nicht müde werden, das Gute zu tun! Denn zu seiner Zeit werden wir ernten, wenn wir nicht ermatten — Galater 6,9.

Warten scheint eine besondere Art von handlungsintensivem Gebet zu sein, das häufiger gebraucht wird und mehr einbringt, als ich geahnt hatte, bis ich eines Tages feststellte, was für bemerkenswerte Glaubensmuskeln dieses Warten entwickelt. Denn es stimmt doch, daß Warten Geduld verlangt, Beständigkeit, Vertrauen, eine Erwartenshaltung — alles Qualitäten, um die wir Gott beständig bitten, daß er sie uns gibt.

Ich erinnere mich an eine bestimmte Situation, als der Herr von mir Warten verlangte, ruhiges Beistehen, nichts sagen, obwohl ich wußte, daß ich die Antwort für ein bestimmtes Problem hatte. Sogar innerhalb dieses kleinen Spielraums mußte ich auf seine Zeit, sein unsichtbares Handeln in dem Herzen eines anderen Menschen warten. Dabei habe ich auf wunderbare Weise erfahren, was es heißt, in Erwartung sein.

Ich hatte Helen fast zwei Jahre lang nicht gesehen. Dann rief sie mich an und sagte mir, daß ihr Mann, Steve, sie wegen einer jüngeren Frau verlassen wollte. Nun wollte sie mit mir darüber sprechen. »Bitte — darf ich kommen und dich sehen, Catherine?«

»Aber ich habe doch gar keine Qualifikationen als Eheberater«, antwortete ich.

»Aber du wirst doch mit mir beten?«

Ja, das würde ich gewiß tun und sagte es ihr auch, ohne zu wissen, was für eine seltsame Art von Gebet das sein würde.

Als dann Helen im Türrahmen stand, sank mir aller Mut. Sie wirkte ungepflegt, war schlecht gekleidet, hatte einen irren Blick und blutunterlaufene Augenränder vom Weinen. Sie war übergewichtig und ihr rotblondes Haar hätte Pflege gebraucht.

Als wir uns in unserem Wohnzimmer auf dem Sofa niedergelassen hatten, brach aus Helen eine Geschichte hervor, die nur ein einziges wiederkehrendes Thema hatte: ihre eigene Minderwertigkeit. Sie hatten drei Kinder, aber Steve hatte mehr gewollt. Steve verbrachte die meiste Zeit, die er zu Hause war, vor dem Fernseher, aber danach — sie war nie ein guter Unterhalter gewesen. Seit Jahren schon war er nicht mehr mit ihr ausgegangen, aber das schien ihr nichts auszumachen. Helen war nicht sicher, wer die andere Frau war, aber zweifellos war es eine, die ihren Mann stimulierte — usw. usw.

Als Helen weitererzählte, merkte ich plötzlich, daß ich wußte, was ihr Problem war. Nicht, daß dies eine besonders tiefe Einsicht verlangt hätte — Helen hatte seit ihrem ersten Schritt in unser Haus fortgesetzt ihre Not herausgeweint. Diese Frau konnte nicht auf eigenen Füßen stehen. Und als dies für mich klar war, wußte ich noch etwas mehr: Ich durfte es ihr nicht sagen. Das sagte mir der Herr ganz deutlich. Ich mußte warten. Mit diesem Stück Einsicht mußte ich bei ihr sitzen, bis der Herr es Helen selbst gesagt hatte — zu seiner Zeit und auf seine Weise. Die mir damit abgeforderte Selbstkontrolle war unglaublich schwer, zumindest für mich, denn seit zwei Stunden erklärte mir Helen in immer neuen Variationen eine Sache, die ich längst durchschaute. Andererseits begann mich eine ebenso unglaubliche Erwartenshaltung zu erfüllen, in der ich nun den Herrn am Werk sehen konnte. Er hatte Helen mit der bestimmten Absicht hergebracht, ihr Zeit zu geben — Zeit, um zusammenhängend und anhaltend über ihr Problem nachzudenken. Meine einzige Aufgabe war es, ihre Gedanken in Gang zu halten. Helen mußte sich selbst verstehen lernen, und so gab der Herr mir eine übernatürliche Fähigkeit zur Geduld — übernatürlich für mich —, während er Helen weiter so freundlich führte.

Mit Hilfe dieser Gnadengabe vergingen die beiden Stunden für mich in einer erwartungsfrohen Spannung. Es war Zeit für das Gespräch, zum Lesen von Bibelstellen, zum Schweigen und Hören. Am Ende fragte mich Helen, ob sie eine Weile in den Garten gehen könne, sie wolle jetzt allein sein.

Als sie zurückkam, rief sie mir entgegen: »Catherine, dieser Bibelvers, wo Jesus sagt, daß er uns zuerst geliebt hat — bis gerade eben hätte ich es keinem geglaubt, daß jemand mich lieben könnte. Aber nun dachte ich in eurem Garten darüber nach. Wenn du wirklich glaubst, daß Gott dich als Persönlichkeit liebt, dann mußt du dich am Ende auch selber lieben.«

Ich nickte und brauchte kein Wort zu sprechen, denn sie fuhr fort: »Es stimmt, ich habe jetzt begriffen, daß ich Gott gewissermaßen verachtet habe durch die Art, wie ich mich gehen ließ und das Haus vernachlässigte. Mein Gewicht, die Fernsehmahlzeiten während der ganzen Zeit, die Betten waren nie gemacht . . .«

Während ich zuhörte, bewunderte ich Gottes Wege. Wenn ich es gewagt hätte, das alles als beratende Freundin Helen zu sagen, dann wäre sie möglicherweise aggressiv geworden, oder bestenfalls hätte sie meine Vorstellungen widerwillig akzeptiert. Selbstverständlich waren nun die Probleme in Helens Ehe nicht über Nacht gelöst; es folgten viele harte Monate. Aber während Helen ihr Haus und ihre Person reinigte, schwemmte sie auch Ressentiments hinaus — eigene und gegen sie gerichtete. Der Ärger wurde seltener und sie begann sich als die geliebte Person zu sehen, die sie in Gottes Augen war, und damit war die Ehe bald geheilt. Nach einem Jahr rief sie mich aus weiter Ferne an, und ich hörte staunend zu, als sie sagte:

»Ich dachte, du solltest es wissen, Catherine, daß Steve und ich wieder beieinander sind. Wir erleben jetzt eine Art zweiter Flitterwochen. Wir verbringen Stunden damit, über alles Mögliche miteinander zu sprechen ...«

So preist die Bibel das Warten, teilweise, weil es Qualitäten in Anspruch nimmt, die der Herr in uns entwickeln möchte, wie etwa Geduld, die ich so bitter nötig brauche. Aber es gibt auch noch einen anderen Grund. Warten ist aktiv. Es verbindet Mensch und Gott bei der Bemühung um ein Ende, und das Ende ist immer eine Art Ostergeschichte.

Ein Freund hat mir erzählt, wie ihn eine alte Blumenfrau einmal in das Geheimnis der »drei Tage« eingeführt hat. Die ausstrahlende Freude dieser Frau hatte einen solchen Eindruck auf ihn gemacht, daß er schloß, sie müsse ein ungewöhnlich sorgenfreies Leben führen.

O nein, sagte die Frau, sie habe so viele Schwierigkeiten wie andere Leute auch. Aber sie wisse, daß in jedem Problem eine Auferstehung verborgen sei. Als Jesus starb, hätten alle nur noch schwarz gesehen. Aber nach drei Tagen sei Ostern gekommen.

»Deshalb bin ich so glücklich«, sagte sie. »Ich kenne das Geheimnis. Wenn Schwierigkeiten kommen, gibt Gott eine Chance — warte nur drei Tage.«

Wir können also eine offensichtliche Niederlage dadurch in Sieg verwandeln, daß wir mit dem Prinzip der Auferstehung rechnen. Es mag sich dann nicht um buchstäblich drei Tage handeln, aber das Prinzip ist immer das gleiche. Wie auch das biblische Vorbild — Ostern — kein passives Ereignis war, so wenig ist es unser Warten. Auch bei uns muß etwas sterben, gewöhnlich ist es unser Sorgen oder der Versuch, unser Problem selbst zu bewältigen.

Vor einigen Jahren vertraute mir eine Freundin an, daß sie seit kurzem für ihren Sohn betete, der damals zehn Jahre alt war: »Ich habe schon angefangen, für Bobbys Ehe zu beten. Ich bete darum, daß seine künftige Frau vor dem Bösen geschützt wird, daß sie gesund aufwachsen kann, und zwar körperlich wie auch geistig und geistlich.«

Das war für mich eine ganz neue Idee. Aber sie leuchtete mir so ein, daß ich nun das gleiche tat. Jeden Morgen dachte ich über diesen schöpferischen Typ von Gebet nach, und ich wußte aus Erfahrung, daß es Gott ehren würde. Ich fragte mich: Wie müßte das Mädchen, das das richtige Mädchen für meinen Sohn ist, sein, wie sollten Geist und Verstand und Herz beschaffen sein? Ich war nicht so sehr daran interessiert, ob sie blond oder brünett wäre, war aber sicher, daß die innere Schönheit die äußere einschließen würde.

Zug um Zug kamen dann — sehr genau aufgezeichnet — die Eigenschaften meines Traummädchens auf das Papier. Das Wichtigste war, daß sie eine Begegnung mit Jesus Christus gehabt hätte und ihn lieben würde. Sie würde einen guten Verstand haben, genug Erziehung zur beiderseitigen Anregung. Es würde eine Menge Lebensfreude in ihr sein, Sinn für Humor, genug Vitalität usw.

Als mir das Portrait fertig zu sein schien, übergab ich es eines Tages dem Herrn und bat ihn, etwaige Fehler zu korrigieren und es zu seiner Zeit und auf seine Weise für Peters Leben wirksam werden zu lassen. Ich grub es ein, wie es war, wie ein Bauer seinen Samen unterackert, indem ich die Notizen über mein Traummädchen zwischen die Seiten meiner Bibel legte.

In den folgenden Jahren war es schwierig für mich, die Saat nicht ab und zu auszugraben und zu sehen, ob sie schon keimte.

Eine ganze Prozession von Mädchen streifte durch Peters Leben. Viele waren attraktiv; einige wurden von vornherein nicht akzeptiert. Aber die Zeit des schöpferischen Wartens fand ihr Ende, als Peter im Princeton-Seminar war. Der Name des Mädchens war Edith.

Einige Zeit, nachdem Edith und Peter verlobt waren, stieß ich auf jene Notizen und las sie staunend wieder. Das war Zug um Zug Edith. Natürlich hatte Gott, wie er das immer tut, ein paar besonders gute Dinge geschenkt, sozusagen als Dividende. Sie war groß wie Peter, blond wie Peter, eine wunderbare Köchin — welcher Mann schätzt das nicht? Sie war körperlich stark und hatte eine frohe Vitalität. Und sie war am Garten interessiert, auch handwerklich, und hatte mit Peter gemeinsame Hobbies. Ich liebte sie sofort und habe noch nicht aufgehört, Gott für diese wunderbare Antwort auf das geheimnisvolle, triumphierende Gebet des Wartens zu danken.

Während ich warte

Herr Jesus, du willst ehrliche Worte von mir hören: Keiner meiner Gedanken ist vor dir verborgen ... Ich bin ganz durcheinander, ich weiß nicht, was ich von Gottes Zeitbestimmung halten soll. Du weißt, wie lange ich schon wegen . . . . bete, und ich habe versucht, geduldig zu sein, bis die Antwort kommt. Aber, Herr, warum bewegt sich in dieser Hinsicht alles so langsam?

Ich weiß, daß die Jahreszeiten in majestätischer Folge kommen und gehen. Die Erde rotiert um ihre Achse in einem vorbestimmten Rhythmus. Keines meiner Gebete kann irgend etwas von diesen Gesetzen verändern. Ich weiß, daß deine Wege nicht meine Wege sind; deine Zeit ist nicht meine Zeit. Aber, Herr, wie soll ich erdgebundener Mensch mit dem Tempo der Ewigkeit zurechtkommen?

Ich möchte belehrbar sein, Herr. Gibt es irgend etwas, was du mir zeigen willst? Etwas, was blockiert und deshalb weggeräumt werden muß? Etwas, was ich in meinem Verhalten oder in mir selbst verändern muß, bevor du mein Gebet beantworten kannst? Gib mir offene Augen zu sehen, Ohren, die hören, was du mir sagen willst.

Komm, Herr Jesus, und wohne in meinem Herzen. Wie froh bin ich bei dem Gedanken, daß die Antwort auf mein Gebet nicht allein von mir abhängt. Wenn ich ruhig in dir bin und dich und dein Leben in mich einfließen lasse, was für eine Freiheit ist es dann zu wissen, daß der Vater nicht auf meine fadenscheinige Geduld oder mein mangelhaftes Vertrauen sieht, sondern auf deine Geduld, Herr, und deine Zuversicht, daß der Vater alles in der Hand hat.

In deinem Glauben danke ich dir jetzt erst richtig für eine noch herrlichere Antwort auf mein Beten, als ich es mir vorstellen kann. Amen.

5. KAPITEL

Das Gebet des Loslassens

Als ich mit den ersten aktiven Versuchen auf dem Felde des Betens begann, war ich wie die meisten Menschen auf dieser Erfahrungsebene voller Fragen wie: Warum finden manche todernsten Gebete ihre Erhörung und manche nicht?

Ich habe heute noch meine Fragen. Vor allem Wissen liegen noch immer Geheimnisse, sie locken und fordern zu weiteren Versuchen heraus.

Aber eines weiß ich, und ich lernte es durch schwere Erfahrungen: Es gibt eine Weise des Betens, die konsequent eine großartige Antwort findet; großartig, weil dieses Gebet jedesmal übermenschliche Kraft freisetzt.

Das ist das Gebet des Loslassens.

Im Herbst 1943 begann ich zum erstenmal etwas davon zu ahnen. Ich kämpfte schon sechs Monate lang gegen eine fortgeschrittene Lungeninfektion, und mit mir kämpfte ein ganzer Schwarm von Spezialisten erfolglos dagegen an. Mein anhaltendes Gebet, für das ich allen Glauben aufbot, dessen ich habhaft werden konnte, führte zu nichts. Ich war vollzeitig bettlägerig.

An einem Nachmittag drückte mir jemand ein Traktat in die Hand. Es war die Geschichte einer Missionarin, die acht Jahre lang arbeitsunfähig gewesen war. Tag und Nacht hatte sie gebetet, Gott möge sie heilen, damit sie sein Werk weiter tun könne. Am Ende faserte ihr sinnloses Bitten regelrecht aus. Da betete sie: »In Ordnung. Ich gebe auf. Wenn du willst, daß ich arbeitsunfähig bleibe, dann ist das deine Angelegenheit. Jedenfalls bist du mir wichtiger als meine Gesundheit. Entscheide du.«

Nach zwei Wochen war diese Frau aus dem Bett und vollkommen geheilt.

Die Geschichte betraf mich nicht, aber ich konnte sie nicht vergessen. Am Morgen des 14. September — dieses Datum werde ich auch nie vergessen — kam ich an den gleichen Punkt; ich unterwarf mich und nahm an.

»Ich bin es leid, dieses Bitten. Ich gebe mich geschlagen. Bin am Ende. Gott entscheide du, was mit mir werden soll.«

Tränen flossen. Ich hatte keinen Glauben — jedenfalls nichts von dem, was ich unter Glauben verstand. Ich erwartete nichts mehr. Die Gabe meines kranken Selbst enthielt keine Spur von Gnade.

Und das Ergebnis? Es war, als hätte ich einen Knopf berührt, der die Fenster des Himmels öffnete — als wenn ein Motor himmlische Kraft in Bewegung setzte. In jenen Stunden erlebte ich die Gegenwart des lebendigen Christus auf eine Weise, die alle Zweifel hinwegschwemmte und mein Leben revolutionierte. Es war der Anfang der Heilung.

Mit diesem Erlebnis und anderen, die folgten, versuchte Gott, mich etwas Wichtiges über das Gebet zu lehren. Ich begann zu erkennen, daß ein fordernder Geist mit Eigenwillen am Steuer das Gebet blockiert. Ich verstand jetzt, daß dies der Grund ist, weshalb Gott um keinen Preis unseren freien Willen brechen will — weil nämlich selbst Gott sich nicht aufmachen kann, um unser Gebet zu beantworten, wenn wir ihm nicht unseren Eigenwillen *freiwillig* — aus freiem Willen! — ausliefern.

Mit der Zeit gewann ich auch durch die Erfahrungen anderer, die ich kannte oder von denen ich las, tieferes Verständnis für das Gebet des Loslassens. Und dann fand ich heraus, daß das Gebet Jesu im Garten Gethsemane genau dieser Typ Gebet ist. Christus hätte das Kreuz vermeiden können. Er hätte um diese Zeit nicht nach Jerusalem gehen müssen. Er hätte mit den Priestern einen Kompromiß schließen und sich mit Kaiphas einigen können. Er hätte daraus Kapital schlagen und Judas mit der Aussicht auf ein irdisches Königreich besänftigen können. Pilatus hätte ihn gern entlassen; er legte ihm sogar die richtigen Worte in den Mund, die ihm die Handhabe dazu gegeben hätten. Sogar noch in der Nacht des Verrates, als Jesus noch in dem Garten war, hätte er genug Zeit und Gelegenheit zur Flucht gehabt. Statt

An einem Februartag des Jahres 1860 kämpfte in Rom die Frau des damals viel gelesenen amerikanischen Schriftstellers Nathanael Hawthorne um Una, ihre älteste Tochter, die an einer bösartigen Malaria dahinstarb. Der behandelnde Arzt, Dr. Franco, hatte der Mutter mitgeteilt, daß das Mädchen am Nachmittag des nächsten Tages tot sei, wenn das Fieber nicht am Vormittag falle.

Während Mrs. Hawthorne neben Unas Bett saß, wanderten ihre Gedanken zu ihrem Mann im angrenzenden Zimmer. Sie dachte über seine Worte nach dem Arztbescheid nach:

»Ich kann nicht zwischen Hoffnung und Furcht beständig hin und her schwanken; ich habe mich entschlossen, nicht mehr zu hoffen.«

Die Mutter konnte eine solche Hoffnungslosigkeit nicht ertragen. Una konnte nicht, sie durfte nicht sterben. Diese Tochter glich so sehr ihrem Vater, sie hatte seinen reichen Geist. Sie war die harmonischste von allen Hawthorne-Kindern. Wer konnte von ihr verlangen, daß sie das Kind aufgab?

Una phantasierte seit einigen Tagen, sie erkannte niemanden mehr. Sollte sie in dieser Nacht sterben, würde man noch nicht einmal Abschied nehmen können.

Gegen Mitternacht lag das Kind so still, als sei es schon im Vorzimmer des Todes. Die Mutter ging an das Fenster und schaute hinunter auf den Platz. Der Himmel war dunkel, still, schwer von Wolken.

»Ich kann das nicht ertragen — ich kann es nicht — ich kann es nicht . . .« Dann kam urplötzlich ein anderer Gedanke in ihr hoch. »Warum muß ich an der Güte Gottes zweifeln? Laß ihn Una nehmen, wenn er es für das beste hält. Noch mehr: Ich kann sie ihm geben! Ich gebe sie dir, Herr, ich will nicht weiter gegen dich ankämpfen.«

Dann geschah etwas Seltsames. Nachdem Mrs. Hawthorne dieses große Opfer gebracht hatte, erwartete sie, daß sie sich noch elender fühlen würde. Aber ihr wurde leichter, sie war so glücklich, wie sie seit Unas langer Krankheit nie mehr gewesen war.

Einige Minuten später ging sie an das Bett des Mädchens zurück und legte ihre Hand auf Unas Stirn. Sie war feucht und kühl. Ihr Puls ging langsam und regelmäßig. Una schlief. Da huschte die Mutter nach nebenan, um ihrem Mann das Wunder mitzuteilen, das geschehen war.

Im Bereich des erhörten Gebetes ist der Verlauf der Ereignisse, wie ihn Unas Genesung zeigte, nicht einzigartig. Denn seit dem Jahr, als ich die Hawthorne-Geschichte zum erstenmal gelesen hatte, war ich für ähnliche Erfahrungen hellhörig geworden. Die folgende teilte mir eine Freundin in einem Brief mit:

» . . . vor drei Jahren wurde uns ein Sohn geboren. Zunächst hielten wir es für ein normales, gesundes Baby. Aber als er noch keine zwölf Stunden alt war und ich ihn gerade zum erstenmal in meinen Armen hielt, bekam er einen Krampf. In den nächsten paar Tagen folgten weitere Krämpfe.

Die einzige Erklärung der Ärzte ging dahin, daß er bei der Geburt eine Art Gehirnschaden erlitten haben mußte; wenn er am Leben blieb, würde er vielleicht blind sein oder taub, stumm, ein Krüppel oder geistig behindert — ich konnte bei dem Gedanken wahnsinnig werden.

Ich habe mich niemals so allein gefühlt wie in der Zeit, die darauf folgte. Ich betete, doch ich konnte nicht merken, daß Gott sich um mich kümmerte. Warum war dies meinem Kind geschehen?

Ich weiß jetzt, daß meine Gebete überhaupt keine Gebete waren, sondern Anklagen. Ich verlangte, daß Gott mein Kind heilte.

Vom Aufruhr erschöpft an Leib und Seele, hörte ich dann eines Tages auf, Gott mein Kind abzufordern. Ich übergab es ihm vollständig. Ich sagte jetzt: ›Nimm es, wenn du es haben willst. Alles, was du beschließest, will ich akzeptieren. Auch wenn du willst, daß er verkrüppelt oder geistig behindert ist, dann will ich lernen, das zu akzeptieren und damit leben.‹ Ich begab mich total in seine Hände.

Von diesem Augenblick an begann Larry sich zu entwickeln. Ich hörte auf zu weinen, und meine Ängste verließen mich mit meinen Tränen. Ein unbeschreiblicher Frieden erfüllte mein Herz, und ich wußte, ja wußte, daß Larry nicht nur leben, sondern auch ein normales sinnvolles Leben führen würde . . . Nun, das Ende der Geschichte ist, daß Larry nun ein normaler und gesunder kleiner Junge ist. Er ist sehr intelligent, und wenn er noch aktiver wird, als er ohnehin schon ist, laufe ich Gefahr, der Familienkrüppel zu werden . . .«

Die Geschichten von Larry und Una haben offensichtlich einiges gemeinsam. In beiden Fällen hatten die Mütter verzweifelte Wünsche: das Leben und die Gesundheit ihres Kindes. Jede Mutter verlangte von Gott die Erhörung ihres Gebetes. Während dieser fordernde Geist die Oberhand hatte, schien sich Gott zurückzuziehen. Er schien unerreichbar zu sein. Dann führte eine Kombination von offensichtlicher Sinnlosigkeit des fordernden Gebetes mit der Erschöpfung von Körper und Geist zu dem Gebet, das die Möglichkeit dessen einschloß, was sie am meisten fürchteten. Und damit kamen sie an den Wendepunkt. Plötzlich und unmerkbar ging die Furcht. Frieden kam in das Herz. Ein Gefühl von Licht und eine Freude folgte, die mit den äußeren Umständen gar nichts zu tun hatte. Das war der Wendepunkt. Mit diesem Augenblick begann die Erhörung des Gebetes.

Nun die bohrende Frage: Was ist das Geheimnis oder das geistliche Gesetz, das diesem Gebet des Loslassens zugrunde liegt?

Hier ist eine Teilantwort: wir wissen, daß Angst sich wie eine Schranke zwischen uns und Gott aufrichtet, so daß seine Macht nicht durch uns wirken kann.

Aber wie wird man die Angst los?

Es ist nicht leicht, wenn das Leben eines unserer Lieben in Gefahr ist, oder wenn die Angst sich auf etwas bezieht, was wir mehr als alles in der Welt wünschen. In solchen Zeiten zittert jede Gemütsbewegung, jede Leidenschaft in der Angst vor dem, was passieren kann. Es liegt auf der Hand, daß nur große Maßstäbe solch einer gigantischen Furcht und dem von ihr genährten fordernden Geist gerecht werden. Und nach meiner Erfahrung genügt es dann nicht, wenn wir nur wiederholt unseren Glauben bekräftigen.

Das bringt uns dem Gesetz des Loslassens nicht näher. Wollte uns Jesus in der Anwendung dieses Gesetzes helfen, als er sagte: »Widersteht nicht dem Bösen?«[3] Damit meint er doch: Weiche nicht aus, indem du diese schreckliche Möglichkeit von vornherein ablehnst. Schau ehrlich auf die Möglichkeit dessen, was du am meisten fürchtest.

Gelegentlich erscheint uns das als das genaue Gegenteil von Vertrauen.

»Herr«, sind wir geneigt zu protestieren, »sagtest du nicht, wir sollten im Glauben beten? Ich bin verwirrt. Meint dieses Loslassen, daß wir niemals sicher sind, ob wir für eine bestimmte Sache beten dürfen? Und wenn ja, Herr, wie kann dies dann Glaube sein?«

Jesus, der alle diese Ausreden verstand, gab immer geduldig die gleiche Antwort: »Gehorche mir. Dann, danach, wirst du wissen und zu verstehen beginnen.«

So tun wir den ersten schweren Schritt des Gehorsams. Und während wir aufhören, unsere Augen zu verschließen, gehen wir auf die Furcht zu und schauen ihr gerade in das Gesicht und vergessen dabei niemals, daß Gott und seine Macht noch immer die oberste Wirklichkeit sind. Und so verschwindet die Furcht wie der Nebel vor der Sonne. Drastisch? Ja. Aber es ist ein sicherer Weg, die Macht des Gebetes in menschlichen Situationen wirksam werden zu lassen.

Manchmal geschieht dann an dieser Stelle das Wunder eines großartig erhörten Gebetes. Bei anderen Gelegenheiten führt uns der gute Hirt vom Loslassen zum Wissen. Solches Wissen ist etwas anderes als positives Denken oder Anpassung. Es ist nicht unser Werk. Es ist eine Gabe Gottes.[4]

Manchmal wird uns die Gabe des Glaubens durch einen Bibelvers geschenkt, der aus der gedruckten Seite oder aus unserer Erinnerung herausspringt und sich in unserem Herzen festsetzt und dort zu brennen beginnt. Oder das Wissen kommt aufgrund eines autorisierten inneren Wortes vom Herrn selbst zustande, wenn er uns sagt, wie es in unserer Situation weitergehen wird. Gelegentlich läßt uns Gott auch wissen, daß er uns das, worum wir gebeten haben, nicht geben kann, wie im Falle Saras, und wir haben die Sache, die wir »das Gebet des Loslassens« nennen, nicht wirklich kennengelernt, wenn wir nicht auch diese Möglichkeit in Betracht ziehen.

Wenn ein liebender Vater unsere Bitte erhört, wenn das Wort in bestimmten Umständen uns trifft und das Wunder geschieht, dann verstehen wir, daß Loslassen und Glauben keine Gegensätze sind. Wer das Gebet des Loslassens betet, gleicht dem Kinde, das nicht mehr gegen die Tatsache rebelliert, daß es erst noch ein Kind ist; es legt seine Hand in die große schützende Hand des Vaters und vertraut ihm, daß er es auch durch das Dunkel führt.

In dem Gebet des Glaubens liegt unsere Hand noch in der seinen. Unser Herz ist noch gehorsam auf ihn gerichtet. Aber jetzt hat er uns aus der schrecklichen Dunkelheit heraus in das Licht der Sonne geführt und uns als einzige Sicherheit den Druck seiner Hand gelassen. Wir blicken in das Gesicht neben uns, da durchzuckt uns das Licht des Erkennens — die Hand des Vaters ist die Hand Jesu!

Die ganze Zeit über hat es unser Herz schon gewußt.

Loslassen?

Glaube?

Es ist das Wagnis, Jesus zu vertrauen.

Dies überlasse ich dir

Vater, seit so langer Zeit trage ich dir diesen tiefen Wunsch meines Herzens vor: . . . .
. . . .

Aber je lauter ich dich in dieser Sache um Hilfe anrufe, desto mehr scheinst du dich zurückzuziehen.

Ich gebe zu, daß ich mit forderndem Geist zu dir gekommen bin. Ich habe versucht, dir Vorschläge zu machen, wie du mein Gebet beantworten könntest. Ich muß zu meiner Schande gestehen, daß ich sogar mit dir gehandelt habe. Aber ich weiß, daß der Versuch, den Herrn des Universums zu manipulieren, absoluter Unsinn ist. Kein Wunder, daß mein Geist nun wund und schwerfällig geworden ist.

Ich will dir vertrauen, Vater. Mein Geist weiß, daß deine Wahrheiten zu allen Zeiten vertrauenswürdig sind, selbst wenn ich nicht fühle . . .

. . . daß du da bist

Du sagst: »Ich bin alle Zeit bei euch.«[5]

. . . daß du mich liebst

Du sagst: »Mit ewiger Liebe habe ich dich geliebt.«[6]

. . . daß du allein weißt, was das Beste für mich ist.

Denn in Dir, Herr, allein sind alle Schätze der Weisheit und der Erkenntnis verborgen.[7]

Vielleicht wartest du schon seit langer Zeit darauf, daß ich meine eigenen Anstrengungen aufgebe. Und nun wünsche ich mir zuerst DICH für mein Leben. Ich wünsche DICH mehr, als was ich mir wünschte: . . . .
. . . .

Deshalb übergebe ich dir dies jetzt durch einen Akt meines Willens. Ich will deinen Willen annehmen, was er auch in sich schließen mag. Ich danke dir dafür, daß du diesen Akt meines Willens als eine Entscheidung meiner wirklichen Person an-

nimmst, auch wenn meine Gefühle dagegen protestieren. Ich bitte dich, hilf mir, diese Entscheidung ehrlich durchzuhalten. Vor dir, Herr Gott, der allein der Anbetung wert ist, beuge ich meine Knie mit Danksagung, daß dies alles sich zum Besten auswirken wird.[8] Amen.

6. KAPITEL

Das Gebet im Verborgenen

Als ich im Sommer 1960 zum erstenmal die Sixtinische Kapelle in Rom sah, wollte ich mehr über die Arbeitsmethoden von Michelangelo Buonarroti erfahren. Dabei erfuhr ich folgendes: Von den vier Jahren, die der große Florentiner für das Deckenfresko brauchte, verbrachte er die meiste Zeit allein hinter verschlossenen Türen. Obwohl Michelangelo damals noch sehr jung war, hatte er für sich herausgefunden, daß er unmöglich ein so wesentliches Werk unter den Augen der Öffentlichkeit schaffen konnte.

Als ich davon hörte, erinnerte ich mich wieder an die Kraft, die im Verborgenen liegt. Ihren Wert hatte ich besonders in Verbindung mit meinem ersten Buch »Ein Mann namens Peter«[1] kennengelernt. Nachdem ich den Verlegern Einblick in das Konzept gewährt hatte und ihr Einverständnis vorlag, sagte mir mein Instinkt, daß das Buch nun soweit wie möglich im Verborgenen heranreifen müsse.

Wenn ich jetzt zurückschaue, kann ich zumindest zwei Gründe dafür angeben, warum Verborgenheit notwendig war. Ich wußte, daß die für das Schreiben erforderliche schöpferische Kraft tatsächlich eine empfindliche Pflanze ist. Unter Entmutigung oder destruktiver Kritik konnte sie leicht welken oder gar eingehen.

Ich wußte auch, daß die Ideen der anderen meine eigenen leicht überschatten würden. Sie konnten jene tiefsten inneren Überzeugungen, die ernsthaftes Schreiben erst ermöglichen, abstumpfen und verwirren.

Viele Schriftsteller haben festgestellt, daß es ihnen große Schwierigkeiten bereitete, ihre Ideen zu verwirklichen, wenn sie zu früh darüber gesprochen hatten.

So beschreibt auch Ernest Hemingway den Kummer, in den er sich selbst hineinmanövrierte, während er an dem Manuskript für »Fiesta« arbeitete.

Während Hemingway an einem Winterabend bei Freunden in Schruns auf der Ofenbank saß, machte er den Fehler, Teile seines Romans vorzulesen. Seine Gefahr war nicht die negative Kritik, sondern zuviel unbedachtes Lob, das seine eigene Fähigkeit zur Kritik herabsetzte.

Er beschreibt das in *A moveable feast:*

»Wenn sie sagten: ›Großartig, Ernest. Wirklich großartig‹, wedelte ich vergnügt mit dem Schwanz . . . anstatt zu denken: ›Was ist daran verkehrt, daß sie es gut finden?‹ So hätte ich mich als ein Professioneller fragen müssen — obwohl ich gerade als Professioneller es ihnen niemals hätte vorlegen dürfen.«[2]

Nachdem ich die Kraft, die in der Verborgenheit liegt, auf dem Gebiet der Künste kennengelernt hatte, stellte ich die gleiche Kraft in dem ebenfalls schöpferischen Bereich des Gebetes fest.

In der Bergpredigt offenbart Jesus das Geheimnis des geistlichen Lebens im Verborgenen: »Wenn du aber Almosen gibst, so soll deine linke Hand nicht wissen, was deine rechte tut, damit dein Almosen im Verborgenen sei; und dein Vater, der ins Verborgene sieht, wird es dir vergelten.«[3]

Neben der Hilfeleistung und den guten Werken bezieht Jesus dieses Prinzip besonders auf zwei andere Gebiete — das Gebet[4] und geistliche Übungen wie Fasten.[5]

Einer, der diese Vorschriften wörtlich nahm, war der »Waisenhausvater« Georg Müller. Das Ergebnis war eine Gebetsvollmacht, die die Welt aufhorchen ließ. Müller, ein Deutscher mit einem praktischen Geschäftssinn, war von der Idee ergriffen, daß er Waisenhäuser gründen sollte in dem England des 19. Jahrhunderts, wo man für elternlose Kinder nur wenig tat.

Besonders erstaunlich für einen Mann mit diesem kaufmännischen Hintergrund ist der Weg, auf dem Müller das Geld für seine Projekte erhielt — durch das Gebet im Verborgenen. Seine Mitarbeiter erschraken, als er Einzelheiten darüber mitteilte:

- Kein Pfund durfte erbettelt werden. Es gab nur eine Methode, die notwendigen Mittel zu erhalten: das Gebet.

Kein Mitarbeiter durfte irgendwelche Informationen über bestimmte Nöte weitergeben.

- Die Namen der Spender sollten geheimgehalten werden. Ihnen sollte persönlich gedankt werden. Niemals durfte ein prominenter Name benutzt werden, um für das Werk zu werben.

- Trotz dieser scheinbar aussichtslosen Bedingungen durften keine Schulden gemacht werden — alle Rechnungen wurden sofort bezahlt.

Georg Müller reservierte denn auch eine Stunde täglich für das Gebet. Pünktlich wie eine Schweizer Uhr zog er sich zur bestimmten Zeit in sein Zimmer zurück. Auf seinen Knien konnte er sich auf die Begegnung mit seinem Herrn konzentrieren, um vor Gott seine Wünsche und Hoffnungen und Träume für sein Werk und auch die Bedürfnisse der Kinder auszuschütten. Einmal in der Woche setzte er sich mit allen seinen Mitarbeitern zum Gebet zusammen — auch dies hinter verschlossenen Türen.

Müllers Rezept wurde zu einer so unwiderstehlichen Herausforderung, daß trotz seiner Scheu vor der Öffentlichkeit die Nachrichten über sein Werk durch das Land liefen und die Geldbörsen fleißig geöffnet wurden. Er begann mit einem gemieteten Haus, zwei Mitarbeitern und dreiundvierzig Kindern; bald waren es fünf neue Häuser und einhundertzehn Mitarbeiter für zweitausendfünfzig Kinder. Alles in allem hat er während seines Lebens 121 000 Waisenkinder beschützt, ernährt, erzogen, 1,5 Millionen Pfund liefen durch sein Kassenbuch — er hat sorgfältig jede Rechnung eingetragen. Das Werk wird heute noch fortgeführt, es ist ein Denkmal des Glaubens. Und sein Herz ist das Gebet im Verborgenen.

Wenn wir Jesus durch die Erzählungen der Evangelien begleiten, stellen wir fest, daß er selbst nach diesem Prinzip lebte. Einmal, als er gerade einen Aussätzigen geheilt hatte, schreibt der Evangelist, daß Jesus ihn wegschickte mit dem strengen Befehl, niemandem etwas von dem, was geschehen war, zu sagen.[6] Bei einer anderen Gelegenheit, als Jesus die zwölfjährige Tochter des Jairus vom Tode erweckte, lesen wir, daß ihre Eltern durch ihre Wiederherstellung außer sich vor Freude waren. Aber Jesus gab ihnen die strikte Anweisung, niemanden wissen zu lassen, was geschehen war.[7]

Das Gebet im Verborgenen steht nicht im Gegensatz zum Gebet zu zweien oder in einer kleinen Gebetsgruppe. Als Jesus des Jairus Tochter erweckte, waren sieben Personen in dem Zimmer — das Kind, die Eltern des Kindes, Petrus, Jakobus, Johannes und Christus. Aber Jesus scheint zu sagen, daß gerade nach einer solchen Gruppenerfahrung zusätzliche Kraft frei wird, wenn es keinen Schwätzer darüber außerhalb dieses Gebetszimmers gibt.

Als ich diese Geschichte vom Dienst Jesu zum erstenmal las, nahm ich an, daß er deshalb gewisse Wunder verborgen halten wollte, damit er sich nicht mit der eifernden Menge auseinandersetzen mußte. Oder weil es ihn schneller als vorgesehen an das Kreuz gebracht hätte. Aber ich glaube jetzt, daß es gewichtigere Gründe für sein Handeln gibt — daß nämlich Gebetserhörungen in ihrer Wirkungsform herabgemindert, ja sogar ausgelöscht werden können dadurch, daß die damit verbundene Erfahrung den Kommentaren des Unglaubens ausgesetzt wird. Als Jesus in seine Heimatstadt Nazareth zurückkehrte, wo ihn die Leute in erster Linie als den Sohn des Zimmermanns kannten, wird gesagt: »Und er tat nicht viele machtvolle Werke hier wegen ihres Unglaubens.«[8]

Wenn dies nun Christus selbst widerfuhr, wieviel leichter könnte so etwas uns passieren!

Wie liebte Jesus dieses Gebet im Verborgenen! Er hatte eine Gewohnheit, früh vor Tagesanbruch aufzustehen und hinauszugehen — auf einen Berg oder an einen anderen öden Ort —, um zu beten. Vielleicht war dies bei den kleinen und dichtbewohnten palästinensischen Häusern der einzige Weg, Stille zu finden und allein sein zu können.

Vor großen Entscheidungen — etwa bevor er die zwölf Jünger auswählte — blieb er eine ganze Nacht allein im Gebet. Und am Anfang seines öffentlichen Dienstes geht Jesus hinaus in die Wüste, um vierzig Tage und vierzig Nächte in Zurückgezogenheit und konzentriertem Gebet zu verbringen. Er wußte, daß er Kraft brauchen würde; im Verborgenen würde er sie finden.

Es gibt andere Gründe, warum Jesus uns auffordert, im Verborgenen zu beten. Wirkliche Kraft fließt nur dann, wenn der Geist des Menschen im Gebet den Geist Gottes berührt. Wie für den Gottesdienst, so gilt auch für das Gebet: »Gott ist Geist; und wer ihn anbetet, muß ihn im Geist und in der Wahrheit anbeten.«[9]

Verborgenheit hilft uns vermeiden, daß wir ausschließlich mit unserem Geist beten. Hinter der verschlossenen Tür unseres Zimmers sind wir nicht so besorgt um einen guten Eindruck wie sonst, wenn jemand bei uns ist. Wir wissen, daß wir Gott nicht täuschen können. Durchsichtige Aufrichtigkeit vor ihm fällt uns leichter, wenn wir allein sind.

Dann muß man auch darauf achten, daß Ablenkungen ausgeschaltet werden — die Türklingel, das Telefon, die Waschmaschine, die Kinder. Gott will, daß wir ihn mit konzentriertem Geist dienen und daß wir seinem Geist erlauben, unseren Willen und unsere Gefühle zu leiten. Ein geteilter und abgelenkter Geist ist nicht gerade der empfänglichste.

Es geht hierbei auch um unsere geistliche Ausgeglichenheit. Sobald wir eine gute Tat vollbracht haben, sind wir gewöhnlich schnell dabei, damit hausieren zu gehen, diskret darauf aufmerksam zu machen, Kredit zu sammeln — sie auszuschlachten. Über wertlose oder schlechte Taten breiten wir einen dichten Schleier. Ihr »Debet« auf der Sollseite geht mit uns und wächst an. Deshalb liegen wir mit unseren persönlichen Qualitäten immer auf der Debitorenseite. Geistlich bleiben wir chronisch bankrott.

Jesus sagt uns, daß wir den Prozeß umkehren müssen, wenn wir erfüllte und produktive Leute werden wollen. Das bedeutet, daß wir von Schwächen, Fehlern und Sünden frei werden, indem wir sie offen bekennen, während Gefälligkeiten und gute Taten im Verborgenen bleiben sollen. Das Ergebnis ist ein inneres Kräftereservoir.

Wenn sich das Reservoir zu füllen beginnt, erleben wir, was Jesus als die Belohnung des Vaters versprochen hat: Gottes

Gegenwart in unserem Leben und unseren Situationen mit all den zu erwartenden Segnungen.

Was bei diesen Segnungen herauskommt, kann erst lange Zeit, nachdem das Gebet im Verborgenen erhört worden ist, anderen mitgeteilt werden. Das ist auch der Grund, weshalb ich jetzt erst über unser Gebet für die Familie Stowe sprechen kann — das ist natürlich nicht ihr richtiger Name.

Es war Herbst, und unsere Kinder waren noch klein. Sie kannten Herrn Stowe, weil er Lehrer in der Schule war, die unser Sohn besuchte — ein Mann, der ganz in seinem Beruf aufging. Er war für uns ein Symbol für alle jene unbesungenen Bürger, die selbstlos dienen, aber oft wenig verdienen. Die Stowes hatten fünf Kinder, sie lebten in einem für eine so große Familie viel zu kleinen Haus und hatten Mühe, finanziell durchzukommen. Obwohl man bei Plänen, die der Allgemeinheit dienten, immer auf sie rechnen konnte, wußten wir doch, daß es bei ihnen oft am Nötigsten fehlte und daß sie sich keines von den Extras eines guten Lebens leisten konnten, die für uns selbstverständlich waren.

Unser Interesse nahm zuerst die Form von Tischgesprächen an, aus denen es dann zu einigen Gebeten für die Stowes während unserer Familienandachten kam. So fragten wir eines Tages: »Herr, gibt es irgend etwas, das wir nach deinem Willen für die Stowes tun sollen?«

Wir brauchten auf die Antwort nicht lange zu warten. Wir wurden an eine alte Geschichte gewiesen, die wir alle längst vergessen hatten: von Lloyd C. Dougls »Die großartige Idee«. Bald erinnerten wir uns wieder an die Hauptfigur dieser Geschichte, Randolph, einen Bildhauer, der, wenn er nach den Worten Jesu in der Bergpredigt Geld verschenkte, ohne daß er darüber irgend etwas verlauten ließ, neue Energie für sein künstlerisches Werk empfing, Sicherheit, eine feste innere Haltung in seiner Beziehung zu den Menschen und Gebetserhörungen. Er betete nicht um Geld oder Glück, sondern für seine Arbeit: »... die Kraft, eine überzeugende Plastik schaffen zu können.«

Randolphs Gebet wurde reich beantwortet — er wurde ein begabter Bildhauer. Schließlich folgten auch Glück und materieller Segen.

In diesem Buch über das Geheimnis, ein Geheimnis zu bewahren, folgten dann noch andere Erlebnisse einschließlich der Geschichte eines Gehirnchirurgen, und alle mit gleichen Ergebnissen.

Diese Geschichten führten uns dazu, das Weihnachten der Stowes zu einem Familienprojekt zu machen, und zwar so, daß es für die Stowes wie auch für jeden anderen geheim blieb.

Einige andere Grundregeln wurden festgelegt: Wir wollten so viele Geschenke wie möglich selbstmachen, z. B. Kuchen und Plätzchen nach bewährten alten Rezepten mit Weihnachtsornamenten backen; einen winzigen Weihnachtsbaum für die Vögel herrichten, in den wir verschiedene Sorten Vogelfutter hängen wollten, usw. Dazu kam, daß unsere Kinder für mindestens ein Geschenk für jeden der Stowes Geld sparen oder verdienen wollten.

Am Heiligabend war ein großer Karton bis zum Rand mit Geschenken gefüllt. Auf einem angehängten Zettel stand, daß diese Geschenke unseren Freunden sagen wollten, was den Menschen ihrer näheren Umgebung ihr ununterbrochener selbstloser Einsatz bedeutete; daß, weil ohnehin alle gute Gabe von Jesus selber sei, andere Namen nicht genannt zu werden brauchten; mit jedem Geschenk sei ein Gebet um Gottes überfließenden Segen für ihre Familie verbunden. Dann wurde der Karton auf die Treppe zur Haustür der Stowes gestellt.

Das Geben und Beten im Verborgenen wurde wunderbar beantwortet. Wir hörten, daß dies eines der größten Weihnachtsfeste im Leben der Stowes geworden sei. Kurz darauf wurde Herrn Stowe eine bessere Stellung mit höherem Gehalt angeboten. Plötzlich begann die ganze Umwelt mehr Dankbarkeit für seinen selbstlosen Dienst zu zeigen. Die Kinder konnten eines nach dem anderen zum College gehen. Aus dieser Erfahrung kamen Segnungen über uns alle.

Weil die erste Bedingung dieses Gebetes Verborgenheit ist, ist es nicht leicht, Beispiele über die eigenen persönlichen Erfahrungen hinaus zu erhalten. So entdeckten auch erst nach dem Tode Janet Ritters (auch das ist ein erdachter Name) die Angehörigen ihrer Familie und ihre engsten Freunde, was für ein machtvoller Faktor das Gebet im Verborgenen in ihrem Leben gewesen ist.

Janet war mit einem erfolgreichen New Yorker Journalisten verheiratet. In ihren Vierzigern wurde sie Alkoholikerin. Die besten Fachkräfte konnten ihr nicht helfen. Ihre Niederlage und der Ekel vor sich selbst nahmen manchmal eine seltsame Form an: Wenn ihr Mann nach Hause kam, fand er sie häufig bewußtlos inmitten von Scheuer- und Waschpulver auf dem Boden ihres Klosetts liegen. In dem Gefühl ihrer Schuld wegen ihres Trinkens hatte sie das Bedürfnis, ihr Klosett zu reinigen. Verzweifelt arbeitete sie daran, bis sie umfiel. Doch letzten Endes wurde das Klosett der Schlüssel für Janets Befreiung. Aus dem wenigen, was uns Janet selbst erzählte, konnten wir ihre Geschichte wie ein Puzzle zusammensetzen. Es ergab folgendes Bild:

Eines Tages lag sie quer über ihrem Bett und kämpfte einen verzweifelten Kampf. Dank den Anonymen Alkoholikern war sie seit zwei Monaten trocken gewesen. An diesem Morgen hatte sie ein überwältigendes Verlangen nach nur einem Schluck. Sie wußte aber genau, daß, wenn sie einen genommen hätte, hundert weitere nicht genug sein würden.

»Gott, hilf mir«, schrie sie. »Ich kann es meinem Mann und den Kindern nicht wieder antun.«

Auf dem Nachttisch neben ihr lag eine Bibel in weißem Ledereinband. Sie war wenig benutzt. An jenem Tag jedoch öffnete sie die Bibel zufällig bei der Bergpredigt. Ihre Augen fielen auf das (englische) Wort Closet . . . Sofort war ihre Aufmerksamkeit gefesselt. Closet! Ihr Closet hatte für sie Symbolwert bekommen, ein verhaßtes Symbol! Seife — Schuld — Abwaschen.

»Und du, wenn du betest«, las sie nun, »geh in dein Kämmerlein (englisch: Closet), und wenn du die Tür hinter dir geschlossen hast, bete zu deinem Vater, der im Verborgenen ist.

Und der Vater, der dich im Verborgenen sieht, wird dir vergelten öffentlich.«[10]

Beten im »Closet«? Warum? Janet hatte keine Idee, warum. Aber dieses Closet zog sie an wie ein Magnet. Wieder einmal lag sie da auf dem Boden. Nur — dieses Mal betete sie. Sie betete um Befreiung.

Janet Ritter erhielt die »öffentliche« Belohnung, die Jesus dem versprochen hat, der im Verborgenen betet. Sie überwand den Alkohol. Darüber hinaus wurde ihre Persönlichkeit solch ein Magnet, daß noch fünf Jahre nach ihrem Tod die Gesichter ihrer Freunde strahlten, wenn sie von ihr sprachen.

Viele Einzelheiten ihrer Geschichte werden wir niemals aufdecken dürfen. Wir wissen, daß Janet nach jenem Morgen nach Jesu Rezept für Vollmacht lebte. Sie fand heraus, daß Geben im Verborgenen, gleich, ob es sich um Besitz oder die eigene Person handelt, die Basis für die Erneuerung ihres Lebens bildete.

Wenn Sie — wie wir alle von Zeit zu Zeit — finden, daß Ihre Gebete wirkungslos sind, möchte ich Ihnen raten, das Gebetsrezept auszuprobieren, das uns Jesus hinterließ. Die verzweifelte Welt braucht diese konzentrierte Kraft, die das Gebet im Verborgenen auslöst.

Im Verborgenen

Vater, ich beginne zu erkennen, daß du deiner ganzen Schöpfung das Gesetz des Verborgenen verordnet hast. Der einsame Same in der warmen Erde ist während der langen Tage des Keimens allen Augen unsichtbar außer den Deinen. Während der Inkubationszeit kräht oder gackert keines der in den Eiern verborgenen Küken unter dem Körper der geduldigen Mutterhenne. Und wir selbst brauchen die Monate der Abgeschlossenheit im Dunkel des Bauches. So muß auch das Gebet eine Zeitlang bei dir verborgen bleiben, damit du dein Werk ausführen kannst.

Herr, hier ist eine Frage, die mir sehr am Herzen liegt:

. . . . .

Es stärkt meinen Glauben, wenn ich weiß, daß du diese Bitte unser Geheimnis sein lässest. Daß, wenn ich meine Bitte in dir verberge, ich das schöpferische Herz des Universums berührt habe.

So lasse ich dieses Gebet bei dir, Vater. Wenn nun Tag um Tag keine Antwort zu sehen ist, dann schenke mir die Gabe, zu wissen, daß du für mich liebevoller sorgst als für irgendein Saatkorn oder Hühnerei. Dein schöpferisches Werk in meiner Sache geht weiter. Wie danke ich dir! In der Schönheit und der Kraft des Namens Jesu bete ich. Amen.

Eine Anregung: Den meisten von uns hilft ein bißchen aktives Handeln. Sie können Ihr Gebet im Verborgenen aufschreiben, datieren und zwischen die Seiten einer wenig benutzten Bibel zu einer Verheißung legen, die zu Ihnen spricht. Etwa wie Matthäus 6,3.4. Dann lassen Sie den Zettel dort, bis Ihr Gebet erhört ist.

C. M.

7. KAPITEL

Das Gebet des frohen Segnens

In Washington kannte ich eine Familie, die vor einigen Jahren große Spannungen durchzuhalten hatte, weil eine Tante beständig an den Kindern herumnörgelte. Ellen, die Mutter der Familie, betete seit langem wegen dieser Sache, meistens, daß Gott die Tante von ihrem überkritischen Verhalten heilen möchte. Aber es geschah nichts, und Ellen reagierte immer empfindlicher auf die Art der Tante und ihre Gegenwart in der Familie.

Ich kannte Ellen seit vielen Jahren, und so begann sie eines Nachmittags, als sie ein geliehenes Buch zurückbrachte, über ihr Problem zu sprechen.

»Ich bin ein richtiges Wrack geworden«, sagte sie. »Ich fühle mich wie ein Ball, der zwischen den Kindern und der Tante hin- und hergestoßen wird.«

Mitten im Gespräch über dieses Problem kam mir plötzlich ein Gedanke.

»Du hast Gott gebeten, das Verhalten deiner Tante zu ändern, und du sagst, daß sie kritischer ist als je zuvor. Nun, warum nicht den Versuch, die Tante zu verändern, aufgeben und Gott bitten, sie zu segnen — in allem und jedem?«

Ellen sah erstaunt auf. »Du meinst, ich sollte Gott bitten, die Tante zu segnen, ohne danach zu fragen, ob sie es verdient oder nicht?«

Bevor ich antworten konnte, fuhr meine Freundin nachdenklich fort: »Du hast recht. Ich nehme an, keiner von uns verdient irgend etwas von Gott, oder?«

»Genau das dachte ich«, bestätigte ich. »Nichts, was wir je tun könnten, wäre gut genug, auch nur einen Schnippel aus seiner Hand zu verdienen.«

»Dann laß uns deine Idee ausprobieren, Catherine. Aber dann müssen wir auf der Stelle zusammen dafür beten.«

»Laß uns das tun«, sagte ich. »Aber du darfst nicht vergessen,

Ellen: Wenn du Gott bittest, jemanden zu segnen, dann sagst du in Wirklichkeit: ›Mache ihn oder sie glücklich.‹ Das ist der genaue Sinn von Segen in der Bibel — Glück.«

Soweit ich mich erinnern kann, betete Ellen folgendermaßen: »Herr, ich weiß, daß wir nach deinem Willen in unserem Hause glücklicher sein sollen, als wir es jetzt sind. Und ich weiß auch, daß dies nicht sein kann, solange auch nur einer von uns unglücklich ist. Segne die Tante jetzt in jeder Hinsicht, in der sie es braucht. Gib ihr die Gabe des Glücklichseins. Hilf den Kindern, sie zu lieben und zu achten — und zeige mir, wie ich freundlicher zu ihr sein kann. Amen.«

Eine Woche später rief mich meine Freundin an. Sie sagte, daß ihr Gebet tagtäglich auf überwältigende Weise erhört worden sei.

»Die Atmosphäre hier zu Hause hat sich total verändert. Du wirst es wissen, diese Sache mit dem Segnen ist Dynamit. Aber ich kann noch nicht verstehen, warum dieses Gebet erhört wurde, während Gott keines der früheren beantwortet hat. Und wieso ist so viel Kraft in einer Bitte um Freude für einen anderen?«

Vielleicht sind wir deshalb so überrascht, wenn sich Gott aufmacht und jemanden segnet, wenn wir ihn darum bitten, weil wir uns Jesus in erster Linie als »den Mann der Schmerzen und mit Leiden vertraut«[1] vorstellen. Aber keine düstere Persönlichkeit hätte je kleine Kinder an sich ziehen können. Nur ein begeisterungsfähiger Mann, der das Leben so hoch einschätzte und sich selbst »das Leben« nannte, konnte so rauhe Fischer als seine Jünger an sich binden. Trauer konnte nicht anhalten, wenn ein Mensch fröhlich seine Krücken fortwarf oder ein Aussätziger lobend und singend seines Weges zog, um den Priestern seine gesunde Haut zu zeigen. Und vergessen Sie es nicht: Wo die Evangelien berichten, daß Jesus auf eine Beerdigung stieß, brach er sie jedesmal ab.

Gewiß hat Jesus die Probleme und Enttäuschungen des Lebens nüchtern gesehen. »In der Welt habt ihr Angst«, sagte er zu seinen Jüngern. »Aber«, fuhr er fort, »seid getrost; ich habe die Welt überwunden.«[2] In anderen Worten: Habt Mut! Das Schlimmste, was die Welt tun kann, ist für mich kein Problem.

Die wahre Quelle der Freude Jesu wird uns in jenen unvergeßlichen Worten beschrieben, die der Psalmist zuerst formulierte[3] und Jahrhunderte später der Verfasser des Hebräerbriefes wieder aufnahm:

»Du (Christus) hast Gerechtigkeit geliebt und Ungerechtigkeit gehaßt; deshalb hat dich, o Gott, dein Gott gesalbt mit dem Öl der Freude vor deinen Genossen.«[4]

Er, der keine Sünde kannte und selber die Gerechtigkeit ist, hatte einen Charakter, der vor Freude funkelte und überfloß, wie es keiner von uns nachmachen kann. Wie konnte es auch anders sein!

Das ist auch der Grund, weshalb das Gebet des frohen Segnens nicht von unseren Verdiensten oder auch von deren Mangel abhängt. Jesus allein ist der eine Gerechte und deshalb schließlich der einzige frohe Eine. Aber diese Freude will er mit allen teilen, die sie haben wollen.

Und nun beginnen wir zu verstehen, warum meine Freundin Ellen auf festem Grund war, als sie die »Würdigkeit« ihrer Tante nicht zur Bedingung ihrer Bitte um den frohen Segen machte. Sie kannte Jesu Aufforderung: »Liebet eure Feinde . . . segnet, die euch fluchen!«[5]

Sobald wir beginnen, ihm zu gehorchen, finden wir heraus, daß das Segnen jener, die uns Schwierigkeiten bereiten, und die Antwort auf diese Schwierigkeiten Hand in Hand gehen.

Ich dachte an diese Beziehung zwischen dem Gebet um frohen Segen und Gottes Macht, Situationen auffallend zu verändern, als mich vor einigen Jahren eine Frau besuchte und meinen Rat in ihren Ehefragen haben wollte. Bei einer Tasse Tee erzählte sie mir ihr Problem. Sie hatte gerade den härtesten Schlag bekommen, den ein weibliches Ich überhaupt bekommen kann — ihr Mann hatte ihr mitgeteilt, daß er sie nicht länger liebe und daß er sie verlassen wolle.

Frau B. hatte den Eindruck, daß ihre Eheprobleme von ihrem

Mann verursacht wurden, und sie kritisierte ihn hart und heftig — er ging niemals zur Kirche, er hatte für seine Kinder keine Zeit, er war untreu.

»Nur Gott kann ihn retten«, sagte sie traurig.

»Vielleicht habe ich eine Idee, wie Sie für Ihren Mann beten könnten«, sagte ich. »Bitten Sie doch Gott, daß er ihn mit seinem Segen überschüttet — geistlich, körperlich, materiell, und überlassen Sie den Rest Gott.«

Meine Besucherin nippte an ihrem Tee; ihre Lippen bildeten jetzt eine schmale Linie.

»Mein Mann hat schon zuviel Erfolg«, sagte sie. »Das ist ja der Kummer. Das einzige, was ihn zur Besinnung und zurück zu Gott bringen könnte, wären Sorgen und nochmals Sorgen.«

Sie ging und versicherte mir, daß sie weiterhin Gott bitten würde, daß er ihren Mann ändern möchte, gutmachen, ihn zurück zu ihr und den Kindern bringen möchte. Aber ihre Gebete richteten nichts aus. Kurz darauf reichte der Mann die Scheidung ein und heiratete eine andere Frau.

In einem seiner Gleichnisse gibt uns Jesus seinen Kommentar zu jener Art Gebet, die Frau B. für ihren Mann verrichtete. Eines Tages beobachtete Jesus zwei Männer, die im Tempel beteten — ein bedeutender, gebildeter Pharisäer und ein bescheidener Zöllner.

»Macht es nicht wie der Pharisäer«, sagte der Meister daraufhin zu seinen Jüngern. »Der betete: O Gott, ich danke dir, daß ich nicht bin wie die übrigen Menschen — Räuber, Ungerechte, Ehebrecher oder auch wie dieser Zöllner.«[6]

Dann verschärfte Jesus seine Aussage dahin, daß der Pharisäer überhaupt nicht betete, sondern nur mit sich selber sprach. Natürlich ging er nicht gerechtfertigt zurück in sein Haus[7]; das will sagen, sein Gebet wurde nicht erhört.

Warum nicht? Weil Gott nicht auf das hört, was unsere Lippen sagen, sondern auf das, was wir hinter der Fassade von Worten wirklich meinen. Und was meinte der Pharisäer? Etwa dies: »Herr, ich danke dir, daß ich nicht bin wie . . . Herr . . . Ich bin gut — der andere Mensch ist schlecht. Er verdient nicht deine Segnungen. Ich empfehle dir, diesem Sünder eine Menge Nöte zu schicken. Das wird ihn zur Besinnung bringen. Das darf doch nicht sein, Herr, daß die Bösen Glück haben!«

Wenn Sie und ich den Lauf der Welt zu bestimmen hätten, würden wir es wahrscheinlich nicht zulassen, daß die Bösen Erfolg haben. Aber Tatsache ist, daß sie ihn häufig haben.

Das hat die Menschen zu allen Zeiten gestört. In dem vielleicht ältesten Buch der Bibel plagt sich Hiob mit diesem Problem ab. Ein Psalm nach dem anderen hat hier seine Fragen. Aber Jesus war und ist immer Realist. Er nahm es einfach als selbstverständlich an, daß, weil Gott Liebe ist, die Bösen häufig Erfolg haben werden. »...denn er läßt seine Sonne aufgehen über Bösen und Guten und läßt regnen über Gerechte und Ungerechte«.[8] »Deshalb«, sagt Jesus, »wenn ihr wahre Söhne eures Vaters im Himmel seid, dann erbittet für jeden, den ihr kennt, das Allerbeste — ohne Rücksicht darauf, ob sie euch körperlich mißhandelt oder seelisch verletzt haben.«[9]

Sagt Jesus damit, daß es für Gott gleichgültig ist, ob jemand gut oder böse ist? Keinesfalls! Sünde ist eine ernsthafte Sache, so ernst, daß Jesus ihretwegen ans Kreuz ging und unsere Welt immer näher an den Rand der Katastrophe kommt. Aber Tatsache ist, daß selbstgerechte oder sich selbst rechtfertigende Gebete aus keinem bösen Menschen einen guten machen. Das kann nur herzliche Liebe.

Unsere holländische Freundin, Corrie ten Boom, tat eines Abends in einer Münchener Kirche alles, was sie konnte, um Jesus zu gehorchen und ihre Feinde zu lieben. Sie hatte gerade zu Ende gepredigt, als sie ihn erspähte — einen früheren SS-Mann, der von den Gefangenen als Wärter im KZ Ravensbrück besonders gehaßt wurde. Dieser Mann war einer von vielen, die Corrie und ihre Schwester Betsie während ihrer Gefangenschaft dort spüren ließen, daß sie wehrlos ausgeliefert waren. Betsie starb in diesem Lager. Nachdem Corrie Ende 1945 entlassen war, ging sie in das frühere Feindesland, nach Deutschland, zurück, um überall, wo man es hören wollte, die Botschaft zu verkündigen, die Gott ihr wie eine brennende Kohle aufs Herz gelegt hatte: Vergebung.

Und nun war er hier, der erste von ihren Wärtern, den Corrie seit ihrer Freilassung sah. Dies war der Mann mit dem tückischen Blick und der spöttischen Stimme, der an der Tür des Duschraumes in Ravensbrück gestanden hatte. Corries Herzschlag setzte fast aus, als sie sah, daß der Mann auf sie zukam.

»Fräulein«, sagte er und streckte seine Hand aus. »Dank für Ihre Botschaft. Nicht auszudenken, daß Er unsere Sünden abgewaschen hat!«

Corrie fühlte, daß sich ihr rechter Arm versteifte und wie ein Stück Holz seitlich herabhing. Aber sogar während ein Sturm von Angst und Rachegedanken in ihr kochte, wußte sie, wie verkehrt das war. Gerade hatte sie über die Feindesliebe gesprochen, und nun wurde sie nach der Praxis gefragt.

Sie versuchte zu lächeln und ihren Arm zu heben, aber sie konnte nicht. Ihr Herz empfand keine Spur von Wärme für diesen Mann, der da mit ausgestreckter Hand vor ihr stand.

»Jesus, ich kann ihm nicht vergeben«, betete sie in ihrem Herzen. »Gib du mir deine Vergebung.« Dann streckte sie ihren Arm aus, und als ihre Finger die des Mannes berührten, geschah das Unglaubliche: Sie fühlte etwas wie elektrischen Strom von ihrer Schulter über ihren Arm auf den Deutschen zulaufen. Und gleichzeitig floß eine solch frohe Liebe für den früheren Wärter in ihr Herz, wie sie es selbst nicht für möglich gehalten hätte.[10] Danach konnte Corrie ohne Mühe Gott bitten, überströmenden Segen über den früheren Wärter auszugießen.

So entdeckte Corrie ten Boom, was wir alle früher oder später entdecken müssen: Wir können nur dann unseren »Feind« so sehr lieben, daß wir Glück und Freude für ihn erbitten können, wenn der, der mit Freudenöl gesalbt worden ist, dies für uns tut.

Lange vor Jesus buchstabierten die alten Israeliten an der Wahrheit, daß Freude ein Schlüssel zu Gottes Gegenwart ist:

Die Freude am Herrn ist eure Stärke . . .

In seiner Gegenwart ist die Fülle der Freude . . .

Dienet dem Herrn mit Freuden, kommt vor sein Angesicht mit Frohlocken.[11]

Vielleicht erinnerte sich David, als er seine Psalmen schrieb, an den Tag, als er buchstäblich mit Singen und Tanzen in die Gegenwart Gottes gekommen war. Israels ständige Feinde, die Philister, waren endgültig besiegt worden. Die Bundeslade konnte jetzt sicher nach Jerusalem gebracht werden. Und so holte sie David heim:

»Mit Freude ... tanzte er vor dem Herrn mit all seiner Kraft ... unter Jubel und Posaunenschall.«[12]

Und Michal, seine Frau, die seine selbstvergessene Freude beobachtete, war empört. Ihr Mann machte aus sich einen Narren. Sie verachtete ihn in ihrem Herzen. Der Schreiber dieser alten Geschichte fügt dann eine seltsame Fußnote an: Michal wurde der größte Wunsch ihres Herzens niemals gewährt. Sie blieb bis zu ihrem Tode kinderlos.[13]

Weitere Erklärungen gibt die Schrift nicht. Wir können annehmen, daß Michals Unfähigkeit, sich mit ihrem Mann zu freuen, in der Hauptsache ein Symptom für tieferliegende Nöte gewesen ist. Die Königin verachtete ihren Mann. Wie Frau B. nährte sie vermutlich Groll und Ablehnung in ihrem Herzen — die Hauptblockaden für Gebetserhörungen.

Wäre Michal zur Vergebung bereit gewesen, hätte die Freude vielleicht der Liebe die Hand gereicht, vielleicht, um ihren heißen Wunsch nach Kindern zu erfüllen als einer von vielen Gebetserhörungen.

Agnes Sanford hat erzählt, wie sie zuerst die Macht der Freude erlebte, als ihr Baby sechs Wochen lang an eitrigen Ohren litt. Ihre Gebete um Heilung fanden, wie sie später sagte, keine Erhörung wegen ihrer Furcht und Verzweiflung. Dann rief eines Tages ein junger Pfarrer an.

»Ich will hinaufgehen und mit dem Baby beten«, bot er an.

Die Mutter war skeptisch, was weitere Gebete sollten, wo ihre nichts bewirkt hatten. Aber sie führte ihn in das Kinderzimmer. Der junge Pfarrer hielt den Kopf des Kindes zärtlich in seinen großen Händen. Als sich Frau Sanford später an diese Sache erinnerte, sagte sie:

»Die Augen dieses Pfarrers strahlten. Ich blickte zu ihm hin und sah seine liebevolle Freude, und ich glaubte. Denn Freude ist das himmlische okay zu dem inneren Leben aus Vollmacht . . .«

Das Baby schlief prompt ein. Als es erwachte, war es gesund. Wenn über dem Buckingham-Palast in London Königin Elizabeths Fahne weht, weiß man, daß die Königin anwesend ist. Freude in den Augen der Christen ist das Zeichen, daß der König anwesend ist. Entsprechend ist auch Freude beim Gebet ein sicheres Zeichen dafür, daß der König es annimmt.

Es ist möglich, auch in sehr ernsten und scheinbar tragischen Situationen mit Freude zu beten. Brauchen wir Heilung? Dann sollten wir uns zunächst selbst fragen, warum wir Heilung haben wollen. Dann male dir in einer Serie von fröhlichen Bildern aus, auf welche schöpferische Weise du deine Gesundheit ausnützen willst.

Oder brauchen wir finanzielle Hilfe? Wie würden wir uns entsprechende finanzielle Quellen nutzbar machen? Ein Weg, um zum frohen Gebet zu kommen, ist der, sich in einer Serie von Bildern auszumalen, was wir mit dem Geld machen könnten — nicht unbedingt für uns, sondern um seine Freude auf andere zu übertragen.

Nachdem ich sooft erlebt habe, wie Gott das Gebet des frohen Segnens herrlich erhört hat, begann ich mich kürzlich zu fragen, ob wir hier den Schlüssel zum Problem des Weltfriedens haben. Selbst diejenigen, die ernstlich beten, wissen oft nicht, wie sie für andere Völker beten sollen. Das ist besonders schwer, wenn deren Ideale nicht die unsrigen sind und wenn sie sich selbst für unsere Feinde halten.

Jesus würde vielleicht zu uns sagen: »Die Menschen aller Völker sind meine Kinder. Je gewalttätiger und gieriger die Menschen mich ablehnen und meine Unschuldigen bedrücken, desto mehr brauchen sie Befreiung durch meine allumfassende Liebe.«

Natürlich können wir nicht segnend und fürbittend für Menschen eintreten, die andere unterdrücken oder mit denen wir Streit haben — es sei denn, wir stellen das ausdrücklich fest und lassen den in uns wohnenden Christus andere für uns lieben.

Wenn vielleicht nur eine Handvoll Bürger mit dieser Art Freude für die Angehörigen »feindlicher« Staaten erwartungsvoll beten und Gott um seinen allumfassenden Segen auf Menschen in jedem Land bitten würden — die Ergebnisse würden überwältigend sein.

Unsere erste Reaktion auf eine solche Zumutung würde vielleicht genau die gleiche sein, die wir von Frau B. kennen: zu riskant! Wer von uns könnte wünschen, daß andere Völker unser eigenes in der Wissenschaft, in der Weltraumforschung, im militärischen Know-how oder auf wirtschaftlichem Gebiet überrunden?

Aber Beten ist kein Risiko, da wir ja gesehen haben, daß Gott ohnehin seine Sonne über Gerechte und Ungerechte aufgehen läßt, und daß die Sonne seiner Freude die einzige Macht im Universum ist, die fähig wäre, die Herzen der Menschen zu verändern — ohne Rücksicht auf ihre Probleme, ihre Politik, ihre Nationalität.

Segne uns, Vater

Vater, es wurmt mich, daß ich mich selbst in jenem Pharisäer im Tempel erkenne[14], *denn ich habe einer Lüge geglaubt:*

Daß ich, seit ich dir zu dienen versuche, das Recht hätte, dich um deinen Segen zu bitten, während der . . . . in seinem Unglauben und Desinteresse im Blick auf dich all die Schwierigkeiten verdiene, die er hat.

Nun verstehe ich, Vater, daß du deine Liebe zu uns und die Freude über uns, deine Geschöpfe, bekanntmachen mußt, weil du Liebe und Freude bist; daß du, die Sonne der Gerechtigkeit, in dem keine Finsternis wohnt[15], *auf uns scheinst, weil du Licht bist und nicht, weil einer von uns es verdient hätte.*

Ich nehme jetzt mein Urteil über den . . . . zurück und bitte dich, ihn überströmend zu segnen auf jede Weise, die dir gut erscheint.

Nun lebe dein Leben in mir, Herr, so daß ich hinfort anderen mehr Gutes wünsche, als ich für mich selbst erbitte; so will ich nie mehr gleichzeitig deine Freigebigkeit nur für mich beanspruchen und in meinem Herzen die beneiden, die du segnest.

Reinige mich von aller Selbstsucht und Kleinlichkeit. Und, o Vater, erfülle mich mit der Freude dessen, der mit dem Öl der Freude gesalbt worden ist vor uns allen.[16] *In seinem Namen bete ich. Amen.*

8. KAPITEL

Das Gebet, das Anspruch erhebt

Ich wurde zum erstenmal auf das Anspruch erhebende Gebet im Jahre 1947 aufmerksam, als ich auf einen seltsamen Satz stieß, der auf einem losen Blatt in Peter Marshalls Bibel stand:

Es ist das Wort eines Gentleman von heiligster und strengster Ehrenhaftigkeit, und damit ist's gut!

David Livingstone

Unter den Namen Livingstone hatte Peter seinen eigenen geschrieben.

Als ich Peter bat, mir diesen Satz zu erklären, klopfte er auf den Deckel seiner Bibel und sagte:

»Auf diesen Seiten stehen die lebendigen Worte des lebendigen Gottes. Diese Worte schließen eine Menge Zusagen ein, von denen viele an Bedingungen geknüpft sind. Wir haben nun nichts weiter zu tun, als diesen Bedingungen zu entsprechen und uns dann aufzumachen und die Erfüllung der daran geknüpften Zusagen in Empfang zu nehmen.«

Einen Augenblick war er still. Dann fuhr er fort:

»Erinnerst du dich, wie ich letzten Samstag Peter versprach, ihn wegen der elektrischen Eisenbahn in den Spielzeugladen mitzunehmen?«

Ich nickte.

»Nun, ich wäre ein armseliger Vater, wenn ich ein Versprechen wie dieses an meinen Sohn nicht erfüllt hätte. Und wenn ich schon so gewissenhaft bin und zu meinem Wort stehe, wieviel mehr wird es dann Gott tun!«

»Aber da vorn in deiner Bibel das Zitat«, erinnerte ich ihn, »steckt dahinter eine Geschichte?«

Ja, es gab eine. Peter bezog sie aus den Tagebüchern Livingstones. Es war 1856, und der Missionar stand vor einer der gefährlichsten Aktionen seiner sechzehn afrikanischen Jahre. Er mußte durch das wilde Land des Häuptlings Mburuma ziehen, eines feindseligen Mannes, der versucht hatte, auch andere Stämme gegen die Expedition des weißen Mannes aufzubringen, und es waren Nachrichten gekommen, daß die Eingeborenen unterwegs waren, um sich an das Lager heranzuschleichen.

Livingstone war allein in seinem Zelt. Er öffnete seine Bibel an der Stelle, wo er eine besonders stärkende Verheißung wußte. Sie hatte ihm schon so oft geholfen. Dann schrieb er in sein Tagebuch:

14. Januar 1856. Abend. In mir war großer Aufruhr, als ich an alle meine Pläne zum Wohl dieses großen Landes dachte und an die vielen, die den Wilden morgen ans Messer geliefert sind. Aber ich las, daß Jesus kam und sagte: *Mir ist alle Gewalt gegeben im Himmel und auf Erden. Gehet hin und lehret alle Völker ... Siehe, ich bin bei euch alle Tage bis an das Ende der Welt.* Es ist das Wort eines Gentleman von heiligster und höchster Ehrenhaftigkeit, und damit ist's gut. Ich werde nicht wie beabsichtigt heimlich bei Nacht dieses Gebiet durchqueren.[1]

So beanspruchte Livingstone die Gegenwart Jesu, weil sie ihm von Jesus zugesagt worden war.

In den Stunden der Dunkelheit geschah nichts. Am nächsten Morgen, als es noch ganz ruhig war, überwachte Livingstone seine hundertvierzehn Begleiter und ihre Tiere bei der Überquerung des Flusses, während Mburuma und seine Stammesleute am Rande des Dschungels zusahen.

Der Missionar hatte für sich selbst den letzten Platz im letzten Kanu vorgesehen. Ein schwarzer Träger, der Verrat fürchtete, riet Livingstone, dem Häuptling keine Möglichkeit zu geben, ihm in den Rücken zu schießen.

»Er soll sehen, daß ich keine Angst habe!« antwortete Livingstone. Dann ging er mit Würde zu den erstaunten Stammesleuten hinüber, dankte ihnen, wünschte ihnen Gottes Frieden und ging langsam zu seinem Kanu. Alles war sicher über den Fluß gekommen. Während jener Augenblicke muß der Missionar-Forscher lebhaft empfunden haben, daß jemand neben ihm herging. Ja, »Ich bin bei euch alle Tage« hatte er in der vergangenen Nacht geschrieben. Und nun war aus dem Glauben Tatsache geworden.

Er, der Herr, war bei ihm.

Es war für ihn, den Auferstandenen, eine Wiederholung jenes Ereignisses während seiner Tage auf der Erde: Es war dieselbe Art Mensch, aus der so schnell wütender, zu Hinterlist und Verrat neigender Mob wurde:

... sie stießen ihn zur Stadt hinaus und führten ihn bis zum Abhang des Berges, auf den ihre Stadt gebaut war, um ihn hinunterzustürzen.[2]
Er aber schritt mitten durch sie hindurch und ging hinweg.[3]

Die königliche Gegenwart neben Livingstone gab dem Missionar soviel Haltung, daß selbst die wilden Krieger es fühlten. Nicht eine Hand erhob sich gegen ihn.

Livingstone hatte das Anspruch erhebende Gebet gebetet. Für ihn selbst und seine Begleiter hatte er die Zusage Jesu in Anspruch genommen: *Ich bin bei euch alle Tage.* Und Er, der von höchster und heiligster Ehrenhaftigkeit ist, hatte seine Zusage erfüllt.

David Livingstones Erfahrung machte auf mich einen solchen Eindruck, daß mich seitdem jene Worte in Peters Bibel in Verbindung mit dem Anspruch erhebenden Gebet begleitet haben.

Aber in mir war keine Basis. Die Voraussetzung, diese Weise des Betens praktisch anzuwenden, bildete sich bei mir erst, als sich meine Einstellung zur Bibel veränderte. Bis dahin erschien mir Bibellesen langweilig und anstrengend. An diesem Verdruß änderten auch die Collegekurse nichts, in denen wir die biblischen Schriften als Literatur oder in vergleichender Religionswissenschaft einfach als Dokumente einer der großen Weltreligionen durchnahmen.

Diese Kurse hatten mir auf die Frage, was die Bibel eigentlich ist, überhaupt keine Antwort gegeben. War sie nun eine Sammlung von Mythen und Volksdichtungen oder ähnlich »inspiriert« wie Shakespeares Dramen und Goethes Faust?

Oder war die Bibel das autoritative Wort Gottes, irgendwie

kanalisiert durch Geist und Feder dazu bestimmter auserwählter Menschen? Ich wußte es nicht.

Aber nachdem ich mein Leben Gott ausgeliefert hatte, veränderte sich mein Bild von der Bibel mit der Zeit total. Jetzt wollte ich unbedingt in ihr lesen, weil sie mir soviel über das Wesen und die Wege Gottes sagte. Ich wollte wissen, wie Gott mit Männern und Frauen in jeder denkbaren Situation verfährt, so daß ich eine Vorstellung haben konnte, wie er mit mir verfahren würde. Und je länger ich in diesem bemerkenswerten Buch las, desto sicherer wurde ich, daß in seinen Seiten Gott selber zu mir sprach.

»Aber wie kamst du zu diesem Wissen?« werde ich manchmal gefragt. »Wie kannst du so gewiß sein?«

Meine Antwort kam aus der dämmernden Erkenntnis, daß wir menschlichen Wesen auf einem von zwei Wegen zur Sicherheit kommen. Die Fragen über unsere körperliche Beschaffenheit und über rein materielle Substanzen beantworten wir zunächst mit Hilfe des Intellekts, der Wissenschaft, oder offenbarer Beweise. Fragen, die den menschlichen Geist betreffen, werden anders beantwortet. Die Frage »Wie kann ich wissen, daß er mich liebt?« kann niemals durch Vernunft oder in einem Laboratorium beantwortet werden. Denn Liebe gehört in den Bereich des Geistes, vor dessen Tür der wissenschaftliche Beweis zu allen Zeiten abgewiesen wurde. Aber die innere Offenbarung »Er liebt mich! Er liebt mich!« ist echt. Sie bringt soviel Sicherheit, wie ich brauche, um mein Leben meiner Liebe auszuliefern.

Wenn wir uns über den Rang wichtiger Fragen klar sind, die immer wieder aus dem Netz wissenschaftlicher oder intellektueller Beweisführung herausfallen, dann beginnen wir die Bedeutung der Offenbarung zu erkennen, und es stimmt: Hier handelt es sich um eine so wichtige Gabe, daß wir um mehr bitten sollten.

Eine meiner Freundinnen, die wie ich zu der Erkenntnis gekommen ist, daß Gewißheit eine Sache persönlicher Offenbarung ist, stellt sich die Bibel so vor:

Die biblischen Bücher sind Briefe, persönliche Briefe Gottes an jeden von uns. Wenn du nun deine Post öffnest und zu lesen beginnst, dann mußt du besonders auf die Stellen achten, deren Sätze mit den Worten »Wer aber ...« oder nur mit »Wer ...« beginnen, und dann setze an die Stelle eines jeden »wer aber« oder »wer« deinen eigenen Namen. Das sind die Zusagen Gottes an jeden von uns ... und wir können ihn beim Wort nehmen![4]

Wir können Gott beim Wort nehmen, denn »es ist das Wort eines Gentleman von heiligster und höchster Ehrenhaftigkeit«. Und sobald wir das verstanden haben, verstehen wir auch ein weiteres: Gottes Post richtet sich an alle. Er will zu allen Menschen seine Beziehung aufbauen, alle sollen mit ihm zusammenarbeiten; seine Freundschaft, seine Pläne, seine Reichtümer erwarten jeden von uns, vorausgesetzt, daß wir ihn in unserem Leben haben wollen und ihm das auch sagen.

Und dann schält sich der Kern des Anspruch erhebenden Gebetes plötzlich heraus: die Reichtümer der Gnade müssen angefordert werden, denn »ihr habt nicht, weil ihr nicht bittet«, schreibt der Apostel Jakobus.[5]

Der Prozeß verläuft etwa so:

- Gott hat eine Zusage gemacht.
- Wenn die Bedingungen angenommen sind, dann tun wir, was wir können, um ihnen zu entsprechen.
- Wir machen zu einer bestimmten Zeit, an einem bestimmten Ort fest, daß wir die Verwirklichung dieser Zusage reklamieren werden.
- Gott erfüllt sein Versprechen zu seiner Zeit und auf seine Weise.

Wie praktisch dieses Gebet sein kann, zeigte mir eine Serie von Ereignissen, die mir vor ein paar Jahren meine Freundin Colleen erzählte.

Colleen war ein aufsteigender Stern beim Film. Seit Jahren standen ihr Tutoren, Studiowagen, Maskenbildner und Theaterkleider zur Verfügung. Bevor sie Louis Evens, einen Pfarrer in Washington, heiratete, entschloß sie sich, ihre Filmkarriere aufzugeben. Obwohl ihr immer wieder neue Rollen angeboten worden sind, hat sie in den Jahren seitdem ihre Entscheidung nicht angezweifelt. Aber Colleen wußte nicht, wie schwierig das Einleben in der neuen Welt des Pastorats sein würde.

Vier Jahre nach ihrer Heirat wurde Louis gefragt, ob er eine neue Gemeinde in Los Angeles gründen würde. Er bekam jetzt ein geringeres Gehalt, so daß es hinten und vorn nicht mehr reichte. Am Ende des ersten Jahres war seine Frau am Ende ihrer physischen und geistigen Kräfte. Sie war beständig müde, denn auch für die Haushaltshilfe reichte das Geld nicht mehr. Die Hausarbeit bildete einen unübersehbaren Berg, zumal sich das ganze Gemeindeleben im Pfarrhaus abspielte. Sie konnte sich keine paar Minuten zur Ruhe und zum Gebet zurückziehen. Sie fühlte sich total ausgelaugt und wußte, daß sie Hilfe brauchte.

Die erste Gelegenheit, über ihre Situation ernsthaft nachzudenken, bekam sie während einer Familienfreizeit im Sommer. Sie war endlich einmal fern vom Pfarrbezirk und der Tyrannei der Telefone, befreit von der Aufsicht der Kinder, die fast immer draußen spielten. Hier beschloß sie, zu beten, bis sie eine Antwort bekäme. Sie legte Gott drei akute Probleme vor.

- Es war einfach zuviel Arbeit. Sie fühlte sich wie eine Magd im eigenen Haus. Wie konnte sie aber gleichzeitig Haushaltshilfe, Köchin, Zimmermädchen, Mutter, Ehefrau und Küster sein?
- Die beständigen Unterbrechungen durch Gemeindeglieder und Freunde, durch Besucher und Telefonanrufe.
- Die Notwendigkeit einer täglichen Stillen Zeit. Wie sollte sie das zustande bringen?

»In jenem Sommer gab mir Gott Einblick in jedes meiner Probleme«, erzählte sie mir. »Er antwortete mir mit Worten der Schrift, das war Manna für meinen Geist. Er hat mich nicht verwöhnt oder die Schwierigkeiten weggeräumt, aber er zeigte mir, wie ich einen neuen Anfang machen konnte, und zwar damit, daß ich für jede Situation seine Kraft in Anspruch nahm.«

Und das waren die Antworten, die sie erhielt:

— auf das Gefühl, Magd im eigenen Haus zu sein: Ich will, daß meine Kinder dienen, und zwar in jeder Hinsicht.[6] Nimm deine

Rolle an. Die Hauptsache ist, daß du von Herzen bereit dazu bist; den Rest besorge ich dann. Vor allen Dingen tu dir nicht selbst leid! Auch Jesus machte sich zum Diener aller.[7]

— zum Übermaß an Arbeit: Von Überarbeitung hat noch keiner einen Nervenzusammenbruch bekommen. Die Last wird nur unerträglich, weil du dir Sorgen im Blick auf den nächsten Tag oder die nächste Woche machst. Nimm meine Hilfe täglich in Anspruch und stütze dich dabei auf meine Zusage: Wie deine Tage, so deine Kraft![8] Lerne auch manchmal nein zu sagen. Frage dich: Wollen die Leute das oder mein himmlischer Vater?

— wegen der Unterbrechungen: Begegne ihnen wie Jesus. Es hat oft Zeiten gegeben, an denen er alleingelassen werden wollte. Aber wenn er unterbrochen wurde, entzog er sich nicht. Er reagierte auch nicht verstimmt, sondern nahm die Gelegenheit wahr, Menschen zu helfen und sie zu lehren.[9] Er versteht deine Situationen, weil seine eigenen noch viel turbulenter waren. Beanspruche seine Hilfe bei dem Versuch, den Störungen wie er zu begegnen.

— in Sachen Stille Zeit: Bei kleinen Kindern gibt es nur selten ungestörte Zeiten. Nimm einfach jede freie Minute wahr, und nutze sie zum Beten. Die Frage wäre dann, wieviel du beten willst. Beanspruche folgendes Wort Gottes für dich und die Ruhe deines Herzens: »Denn Gott ist kein Gott der Unordnung, sondern des Friedens.«[10]

Heute, viele Jahre später, kann Colleen etwas davon erzählen, wie überschwenglich Gott ihren Anspruch auf Hilfe beantwortet hat. Obwohl die Kinder älter geworden sind, bleiben die Störungen nicht aus. Aber die alte Verzweiflung und der drohende Zusammenbruch haben ruhiger und sinnvoller Arbeit Platz gemacht. Ich kenne kaum eine erfolgreichere Frau, Mutter und Pfarrgehilfin. Und obendrein ist Colleen immer noch eine glänzende Erscheinung. Sie hat inzwischen zwei Bücher geschrieben und findet noch Zeit genug, um im Vorstand von zwei Pädagogischen Instituten mitzuarbeiten.

Ich glaube, das anspruchserhebende Gebet ist die Krone allen Betens, weil es einen vollen Kreis zwischen Himmel und Erde beschreibt und auf diese Weise seine Vollmacht empfängt. Denn das Ziel allen Betens ist es, Gottes Willen herauszufinden und diesen Willen unseren Bitten zugrunde zu legen, so daß nach dem Vorbild des Herrengebetes der Wille des Vaters so vollkommen auf der Erde geschehe wie im Himmel.

So gehen wir zu Gott mit unseren Problemen und suchen Licht in einer bestimmten Sache. Wir geben Gott die Möglichkeit, durch ein Schriftwort mit seiner Stimme zu unserem Herzen zu reden. Das ist der eine Halbkreis: Unsere Not geht hinauf zu Gott.

Dann macht uns Gott auf eine seiner Verheißungen aufmerksam, die Bezug zu unserer Situation hat. Unser Anspruch auf die Erfüllung dieser Verheißung schließt den Kreis: Gott handelt an und durch uns hier, wo wir sind.

Diese in unsere Situation hineingegebene Verheißung ist der Henkel des Glaubens, den wir im Gebet ergreifen können.

Der Apostel Johannes drückt das in Worten von reinstem Gold aus:

»Und dies ist die Zuversicht, die wir zu ihm haben, daß er uns hört, wenn wir etwas nach seinem Willen bitten. Und wenn wir wissen, daß er uns hört, was wir auch bitten, so wissen wir, daß wir das Erbetene haben, das wir von ihm erbeten haben.«[11]

Es ist seltsam, wie froh unser Geist auf diese Worte des Johannes antwortet: »Ja, Johannes, es stimmt, ich sehe es! Natürlich schenkt mir Gott, was er mir von Anfang an zugedacht hat.« Mit diesem Glauben drücken wir unser Recht auf Einlösung der Verheißung aus, die Gott selbst gegeben hat.

Und wenn nun irgendwelche Bedingungen an seine Verheißung geknüpft sind, dann tun wir alles, um ihnen gerecht zu werden; denn er, der uns nicht im Stich läßt, entbindet uns auch nicht von seinen Forderungen an uns, etwa, daß wir anderen vergeben[12] als Voraussetzung dafür, daß er uns die Sünden vergibt; materieller Segen setzt voraus, daß wir den Dingen des Reiches Gottes Priorität einräumen[13]; eine Bedingung für Führung ist es, daß wir Gottes Führung in jedem Bereich unseres Lebens anerkennen.[14]

Die Bedingung für die Erfüllung des Gebetes um den Frieden in der Welt ist hoch: es sind unsere Selbstbescheidung als Nation, Gebet und die Trennung vom Bösen.[15]

Daraufhin können wir die Erfüllung der Verheißung erwarten in dem sicheren Wissen, daß Gott nicht lügen kann[16] und daß er den, der auf ihn vertraut, niemals enttäuscht![17]

Das ansprucherhebende Gebet ist das eindringlichste und einschneidendste Gebet, das ich kenne; es beruft sich auf das »Wort eines Gentlemans von heiligster und höchster Ehrenhaftigkeit«.

Versuche es! Du wirst nicht enttäuscht werden!

Das ist mein Anspruch, Herr!

Vater, ich habe mit meiner Vernunft verzweifelt versucht, dich und dein Handeln zu verstehen. Aber die Verwirrungen und Unsicherheiten meines Lebens zeigen mir überdeutlich, wie begrenzt meine Verstehensmöglichkeiten sind. Ich begreife nun, warum du uns, deine Geschöpfe, mit einer Fähigkeit ausgestattet hast, die weit über unsere Intelligenz hinausgeht: die Möglichkeit, deinen Geist zu empfangen. Vater, wenn irgend jemand Weisungen durch deinen Geist braucht, dann ich. Ich bitte jetzt, zeige mir . . .

wie ich die Bibel lesen soll und was du mir durch sie sagen willst (Ist sie wirklich dein Wort?);
die Verheißung, die du mir für den heutigen Tag bestimmt hast;
Vater, ich merke, wie diese Verheißung gerade in diese Situation hineinspricht: . . . .
. . . . .
Im Glauben schreibe ich diese »Worte eines Gentleman« auf ein Stück Papier.[18]
Und nun, Vater, erwarte ich, daß du sie einlösest. Ich zeichne das Papier auf der Rückseite und bin so dankbar, daß der Scheck vorn von dem unterschrieben ist, dessen Ehrenhaftigkeit von keinem Zweifel angetastet werden kann. So ruhe ich in der sicheren Gewißheit, daß hinter diesem Scheck letzte Sicherheiten stehen — alle Quellen und Rücklagen des Himmels.
Ich danke dir, Vater. Amen.

Anmerkungen

1. Beten ist Bitten

[1] Lukas 15,8—10
[2] Jakobus 4,2
[3] Matthäus 20,29—34
[4] Matthäus 7,11
[5] Matthäus 7,7.8
[6] Johannes 16,24
[7] Lukas 11,11.12
[8] Markus 10,15
[9] Lukas 18,9—14
[10] C. S. Lewis, Dienstanweisung an einen Unterteufel (Herderbuch 19)
[11] J. R. Rice, Asking and Receiving, Wheaton 1942
[12] Johannes 4,5—30

2. Das Gebet aus Hilflosigkeit

[1] Psalm 4,1
[2] Johannes 15,5
[3] Johannes 5,30.36
[4] Johannes 6,4
[5] Epheser 2,8.9
[6] Johannes 3,27
[7] Matthäus 19,26

3. Das Gebet, das Träume verwirklichen hilft

[1] Sprüche 29,18
[2] 1. Johannes 5,14.15

4. Das wartende Gebet

[1] Diese Illustration hat Peter Marshall gern benutzt, um die Frage zu beantworten: „Was muß ich alles tun, damit Gott meine Gebete beantwortet, und was soll ich ihm überlassen?" Siehe „Ein Mann namens Peter", Konstanzer Taschenbücher 43.
[2] Johannes 15,1—8
[3] Markus 4,28
[4] Markus 1,15
[5] Johannes 7,6
[6] Matthäus 26,18
[7] Apostelgeschichte 1,7

5. Das Gebet des Loslassens

1 Markus 14,36
2 Lukas 6,46
3 Matthäus 5,39
4 Epheser 2,8; 1. Korinther 12,9
5 Matthäus 28,20
6 Jeremia 31,3
7 Kolosser 2,3
8 Römer 8,28

6. Das Gebet im Verborgenen

1 Ein Mann namens Peter, ebd.
2 E. Hemingway, A Moveable Feast, New York 1964
3 Matthäus 6,3.4
4 Matthäus 6,5.6
5 Matthäus 6,16—18
6 Markus 1,43.44
7 Markus 5,42.43
8 Matthäus 13,58
9 Johannes 4,24
10 Matthäus 6,6

7. Das Gebet des frohen Segnens

1 Jesaia 53,3
2 Johannes 16,33
3 Psalm 45,7
4 Hebräer 1,9
5 Lukas 6,27.28
6 Lukas 18,11
7 Lukas 18,14
8 Matthäus 5,45
9 Matthäus 5,44; Lukas 6,28
10 Corrie ten Boom, Die Zuflucht, 3. Aufl. Wuppertal 1976
11 Nehemia 8,10; Psalm 16,11; 100,2
12 2. Samuel 6,14—16
13 2. Samuel 6,20—23
14 Lukas 18,11
15 1. Johannes 1,5
16 Hebräer 1,9

8. Das Gebet, das Anspruch erhebt

[1] Livingstones African Journal 1853—1856, London 1963
[2] Lukas 4,29
[3] Lukas 4,30
[4] C. T. Evans, Love in An Everyday Thing, Old Tappan 1974
[5] Jakobus 4,3
[6] Markus 10,44
[7] Markus 10,45
[8] 5. Mose 33,25
[9] Markus 6,31—46
[10] 1. Korinther 14,33
[11] 1. Johannes 5,14.15
[12] Matthäus 6,14.15
[13] Matthäus 6,33
[14] Sprüche 3,6
[15] 2. Chronika 7,14
[16] Titus 1,2
[17] 1. Petrus 2,6
[18] Es könnte Ihnen eine Hilfe sein, wenn Sie die Ihnen gegebene Verheißung auf einen Zettel schreiben.

Keith Miller

Wo die Drachen wohnen
Ein Buch der Hoffnung

144 Seiten, Paperback

42 Texte der Heiligen Schrift, Gebete, Erfahrungen, die Keith Miller
machte, und Erkenntnisse und Erfahrungen anderer Menschen —
ein Buch mit einem weiten Horizont für Menschen, die nicht durch
ihre Tage stolpern wollen.

Leseprobe:

DONNERSTAG

Übergabe: Das Ende
des intellektuellen Pfades?

Lange Zeit erschien mir der Gedanke an eine „völlige Übergabe an
Christus" wie eine Art intellektuellen Selbstmordes. Irgendwie hatte
ich die vage Vorstellung, eine solche Übergabe müsse zu einem engen,
zweigleisigen intellektuellen Leben führen, bestehend aus „religiösen"
Gedanken, Büchern und Gesprächen einerseits und „nicht-religiösen"
andererseits. Aufgrund meines Sinns für Loyalität glaubte ich wohl,
wenn ich mich einmal Christus „angeschlossen" hätte, könnte ich nie
mehr seine Existenz oder seine Lebensweise in Frage stellen. Da ich
das Gefühl hatte, ich dürfte dann nur noch „christlich denken",
glaubte ich, mein Geist dürfte nicht mehr in neuen Bereichen herum-
streifen, um mit der Freiheit, die alles prüfen darf, neue Wahrheiten
zu suchen — eine Freiheit, die mir sehr wichtig ist.

Als ich jedoch mein Leben Christus übergab — so vollständig, wie
es mir nur eben möglich war —, stellte ich fest, welch eine faszinie-
rende intellektuelle Wirkung sich einstellt, wenn man ehrlich versucht,
seine Zukunft in Gottes Hand zu legen.

Mit dem Versuch, Gottes Willen und die Gestalt christlichen Lebens
zu finden, habe ich eine Entdeckungsreise begonnen, bei der ich immer wieder neue Erfahrungen sammele. Und dies hat auf mein

Catherine Marshall im R. Brockhaus Taschenbuch:

Christy
Roman

448 Seiten, Bd. 231

Christy ist jung und voller Idealismus und Glauben. Sie hat gerade ihr Examen gemacht und geht nun in einen abgelegenen Winkel der Appalachen, um den Kindern der Dörfler dort beizubringen, was man zum Leben braucht. Aber ein paar eigenbrötlerische und rätselhafte oder auch weise Leute dort sind der Meinung, daß Christy auch noch einiges zum Leben Notwendige fehlt, und sie würde jämmerlich versagt haben, wenn diese Leute sie nicht in ihre Schule genommen hätten. Christy bringt mit ihrer Jugend und unbezwingbaren Freude Eis zum Schmelzen und Resignation zu neuer Hoffnung, während ihre eigenen Illusionen zu wanken beginnen und der erschütterte Glaube ein neues Fundament sucht.

Catherine Marshall hat neun Jahre an diesem Buch gearbeitet. Hier in den „Great Smokings" sind ihre Eltern und ist sie selbst geboren. Sie schildert ein Stück Leben aus dem Jahre 1912. Aber es könnte unser Leben sein mit all seinen Spannungen, die auch unsere Spannungen sind.

Dieser ebenso liebenswerte wie spannende und umfangreiche Roman eröffnet eine Serie innerhalb der R. Brockhaus Taschenbücher:

R. Brockhaus E X T R A — Das große Buch zum kleinen Preis

R. Brockhaus Verlag Wuppertal